BONNE ANNÉE ANÉMONE

FABIENNE CORBIN

Éditions ART ET COMÉDIE
2, rue des Tanneries
75013 PARIS

NOTE SUR L'AUTEUR

Grande passionnée de théâtre, ayant elle-même fait partie d'une troupe amateur, Fabienne Corbin, que son métier de coiffeuse ne prédestinait pas à l'écriture, décide de créer sa première pièce en 2007 pour s'offrir à elle-même et aux deux autres comédiennes avec qui elle joue « un vrai rôle de fille ».

Ce qui ne devait être qu'un petit divertissement entre amies est devenu une pièce en trois actes, caustique et drôle, qui sera éditée et jouée par d'autres.

Après ce premier ouvrage, Fabienne Corbin pense déjà à l'écriture d'une nouvelle pièce et promet que cette fois les hommes auront un rôle à jouer !

PERSONNAGES : ANÉMONE

PRISCA

FRÉDÉRIQUE

DÉCOR : un salon bourgeois du 16ᵉ.

ACTE I

SCÈNE 1

Monologue d'Anémone

ANÉMONE

Anémone est seule en scène assise à une table dans son salon (c'est le réveillon du 31 décembre). Pendant toute la scène elle boit du champagne.

ANÉMONE - Bonne année mon Anémone ! *(Elle boit sa coupe d'un trait.)* Bonne année, tu parles Charles ! Si celle qui commence est aussi bonne que celle qui finit, je vais pouvoir m'inscrire sur la liste des cent femmes les plus drôles de l'année. *(Elle regarde son verre.)* Moi aussi j'aimerais faire la fête ce soir ! Mais comment s'amuser quand on a tout perdu ? *(Elle pleurniche.)*

(Elle se sert une coupe.) Bernard était tout pour moi : mon mari, mon père, mon amant… Peut-être pas extraordinaire, mais c'était le seul et l'unique. Et puis Bernard remplaçait son manque d'activité sexuelle par une grande générosité… pécuniaire.

Bref ! Bernard s'occupait de tout et s'occupait surtout de moi…

(Pensive, elle se ressert une coupe et commence à boire.) Oh ! je vais être pompette, moi ! Après tout, qu'est-ce que cela peut faire maintenant que je suis seule ? Bernard est parti… *(Elle commence à sangloter tout en se servant une coupe.)* Vingt ans de mariage

7

disparus en fumée… Pff… Pff! Vingt ans! Dire que c'est l'âge que j'avais quand j'ai rencontré Bernard!

(Elle est complètement ivre.) Tiens, rien qu'avec le prénom, j'aurais dû me méfier! Ils ne sont pas nets-nets les Bernard… Mumm m'avait bien prévenue : « Il n'y a jamais eu de Bernard dans la famille, ce prénom fait bien trop peuple! Méfie-toi, ma fille… Méfie-toi… Mariage avec un Bernard divorce à la saint Médard!!! » Là, je dois avouer que j'aurais dû l'écouter. Mais à l'époque j'avais entamé une vraie rébellion… *(Elle est pensive.)* Je me suis coupé les cheveux courts… Quand elle m'a vue, Mumm a fait une crise d'asthme… J'ai bien cru que mon délire capillaire allait la tuer!… Elle m'a appelée la « Pink » pendant trois mois… Jusqu'à ce que je puisse remettre mon serre-tête… Oh! quelle histoire!… Enfin, bref!

(Elle se ressert une coupe; elle commence à être sérieusement éméchée.) N'empêche… que Bernard est parti! Les hommes sont tous les mêmes… Je n'en ai eu qu'un, mais je sais qu'ils sont tous les mêmes… On me l'a dit.

(Elle commence à sangloter.) Je l'ai pourtant aimé mon Bernard… Oh! oui alors… Et j'étais vierge au mariage! C'est pas beau ça?…

(Elle se reprend.) Vingt ans… Il m'aura fallu vingt ans pour comprendre que ce n'était qu'un salaud!

Vingt ans pour qu'une pétasse de dix ans de moins que lui passe en tortillant du derrière et embarque mon Bernard! Il a pas été long à la sauter… la barque!

(Elle imite Bernard.) « Anémone! Il faut que je te parle! » C'est ce que m'a dit Bernard, le mercredi 2 septembre à dix-neuf heures quarante-cinq! Parler… J'aurais dû me méfier…

« Anémone je pars! » Je pensais bien que la discussion serait assez rapide vu l'étendue de son vocabulaire… mais à ce point, quand même…

« Mais pourquoi, Bernard, pourquoi ? » C'est alors qu'il dit cette phrase… qui me fait encore froid dans le dos ! Deux points ouvrez les guillemets… *(Anémone mime les guillemets avec ses doigts.)* « J'ai besoin d'air ! »

De l'air, de l'air… C'est très méchant, ça, Bernard ! Eh bien, vas-y, pars… De l'air !

Et voilà, ça fait cinq mois que Bernard respire mieux et que moi je suis sous assistance respiratoire… *(Elle regarde sa boîte de Prozac.)* Et ce soir, j'ai bien envie de débrancher les tuyaux de la machine…

Qu'est-ce que je vais devenir toute seule… dans ce grand appartement… plein d'air ?

Bernard m'a dit… *(Elle imite Bernard.)* « Comme tu n'as jamais travaillé de ta vie, ça va déjà être assez dur pour toi, je te laisse l'appartement, le temps de te retourner ! » Quel con !

Le temps de me retourner… Le temps de me retourner sur quoi ?

Sur nos vingt années de vie commune… ou sur le carnage qu'il en a fait ?

(Elle se ressert une coupe et réfléchit en bougonnant.) Non mais qu'est-ce qu'il croit, lui ? Que la pauvre Anémone ne va pas s'en sortir toute seule, qu'elle est trop sotte pour ça ? *(Toujours en buvant et en levant son verre, elle s'adresse à Bernard.)* Mais tu te trompes, Bernard, tu te trompes !

En me laissant, tu vas me faire découvrir toutes les forces qui sont cachées en moi… prêtes à surgir… *(Elle a beaucoup de mal à parler.)*… tel un alien… *(Elle tourne en rond dans l'appartement pour se calmer.)* Calme-toi, Anémone !

Il faut que je trouve une solution…

(Elle s'assoit et se calme en tournant violemment les pages d'une revue qui était sur la table.) Je vais trouver une solution… Alors, récapitulons…

Primo, trouver de l'argent… Et qui dit trouver de l'argent, dit trouver un travail… Le problème, c'est que je ne sais rien faire ! Enfin, ça ne doit pas être trop compliqué de travailler, tout le monde le fait !

Secundo, ne pas rester seule ! Ça me déprime trop la solitude… Mais franchement, je ne suis pas près de refaire confiance à un homme !… Et cet appartement est si grand ! *(Elle semble avoir une idée.)*

Mais oui, c'est ça !… Je vais partager mon appartement avec des copines ! *(Silence.)*

Le problème, c'est que je n'ai pas de copines ! Bernard détestait mes copines !

Trop bavardes… trop libres… trop modernes… trop tout !

Enfin, c'est vrai qu'elles étaient assez connes dans l'ensemble !

Résumons la situation : je n'ai plus de copines, plus de mari, plus d'argent, pas de travail… Tous les ingrédients sont réunis pour passer une excellente année !

(Elle feuillette toujours son magazine et lit à haute voix.) « Cherche colocataires pour partager loyer appartement… » *(Elle se ressert une coupe en se répétant cette phrase.)*

Cherche colocataires… Moi aussi je vais passer une annonce pour trouver des colocataires !

(Elle lève sa coupe et se porte un toast.) La voilà ma solution ! Vive la révolution ! Et bonne année Anémone !

SCÈNE 2
Recrutement de Prisca
ANÉMONE et PRISCA

Pétillante et visiblement excitée, Anémone remet en ordre quelques bibelots.

ANÉMONE - Ça n'arrête pas de sonner ! Tiens, encore ! *(Elle va décrocher le téléphone.)* Allô ! Bonjour… Oui, la petite annonce c'est bien ici… Pour visiter ? Oui, sans problème… Comment ? Vous êtes…? Musicienne !… Aïe ! Vous jouez ?… De la batterie… Aïe ! Un groupe de rock… Bien sûr ! Oui, mais non… Enfin, je veux dire c'est déjà loué… À l'instant… Désolée… Au revoir mademoiselle ! *(Elle raccroche.)* Ouh ! Que je n'aime pas mentir ! Mais là, franchement, je crois que la cohabitation aurait été difficile ! Elle ne peut pas jouer du piano, comme tout le monde ? J'en ai eu des appels… à la pelle ! J'ai reçu plusieurs personnes toutes plus fofolles les unes que les autres… Je ne me doutais pas que ce serait aussi difficile de trouver quelqu'un… Les gens sont bizarres… C'est en les fréquentant que l'on s'en rend compte… Je ne peux tout de même pas accepter n'importe qui chez moi ! Enfin ! Il me reste un espoir, je dois en voir deux aujourd'hui… une qui m'a paru très dynamique… *(Elle hoche la tête.)* Un peu peuple peut-être ! Mais bon, au point où j'en suis… Et l'autre m'a dit travailler dans la communication…

Sonnerie de la porte d'entrée. Anémone va ouvrir.

PRISCA - Bonjour. Prisca Legendre ! *(Elle n'attend pas qu'Anémone lui dise d'entrer et avance d'un pas décidé dans le salon. Anémone reste interloquée en tenant la porte ouverte. Prisca fait rapidement le tour de la pièce, on sent qu'elle se fait vite un jugement positif.)* Vous êtes Anémone, je suppose !

ANÉMONE - Euh… oui…

Anémone tient toujours la porte ouverte.

PRISCA - Vous attendez quelqu'un d'autre ?

ANÉMONE - Euh… non…

PRISCA - Eh bien, fermez cette porte que nous puissions commencer. Je n'ai que quinze minutes devant moi. *(Ce faisant, elle s'assoit et retire sa montre qu'elle pose devant elle sur la table.)* Alors, parlons peu parlons bien. Voici mes références financières… *(Elle tend des papiers à Anémone et continue son monologue sur un ton relativement directif.)* Je gagne trente mille euros annuel et je peux également vous présenter une caution si nécessaire. Je n'ai ni chien, ni chat, ni homme ; je n'ai rien contre, mais je n'ai pas le temps ! Mon métier m'accapare entièrement… Je suis « public relation »… *(Elle le dit avec un fort accent anglais.)*… chez Chanel… *(Elle attend de voir l'effet sur le visage d'Anémone, qui a l'air d'être effectivement impressionnée.)* Vous connaissez certainement notre merveilleux parfum, le « N°5 » ?

ANÉMONE - Oui… Oui… *(Elle est éberluée devant Prisca.)*

PRISCA - Lorsque l'on demandait à Marilyn… *(Se tournant vers Anémone de peur qu'elle ne comprenne pas.)* Marilyn Monroe ! Lorsqu'on lui demandait ce qu'elle portait pour dormir, elle répondait : « Une goutte de N°5… » *(Elle reste quelques instants rêveuse et admirative.)* Alors vous comprenez que quand on a la chance de travailler pour un tel mythe, on ne compte pas ses heures ! Entre les collections, les journalistes, la publicité, les relations publiques et les « people »… je n'ai pas une minute à moi ! Mais j'adore ça !

ANÉMONE - Oui… Oui…

PRISCA - Je ne vous dérangerai pas beaucoup, partie tôt le matin et rentrée tard le soir ! Pour les repas ne vous occupez pas de moi, j'ai l'habitude de grignoter des bricoles qui traînent dans le réfrigérateur. Un toast de foie gras par-ci, deux grains de caviar par-là… C'est tout simple et cela suffit à mon bonheur ! C'est pour cela que je quitte mon appartement, je n'ai pas le temps d'en profiter.

ANÉMONE *(toujours impressionnée par Prisca)* - Oui… Oui…

PRISCA - Et puis, la colocation est assez tendance, je me dois de la tester ! On est si vite « has been » dans mon métier ! *(Elle regarde sa montre posée sur la table.)* Mais peut-être avez-vous des questions à me poser ?

ANÉMONE - Euh… non, je ne vois pas !

PRISCA - Bien ! Dans ce cas, puis-je voir ma chambre et la salle de bains ?

ANÉMONE - Oui, oui… *(Elle sort des nues.)* La chambre… Bien sûr !

> *Anémone se lève et conduit Prisca à une porte qu'elle ouvre pour lui montrer sa chambre.*

PRISCA - Bon, eh bien, c'est parfait ! Je ferai livrer mes affaires et j'emménagerai demain soir. Au fait, combien louez-vous ?

ANÉMONE - Euh… en fait, je n'y ai pas encore réfléchi… Je ne sais pas trop…

PRISCA *(regardant sa montre et un peu impatiente)* - Bien, je vais vous aider. Compte tenu du marché en ce moment et de l'emplacement, vous pouvez louer la chambre et l'accès aux pièces de vie entre quatre cents et cinq cents euros par mois. Bon, disons quatre cent cinquante euros ! On dit un mois de loyer, deux mois de caution ? Ça vous va ?

ANÉMONE - Euh… oui !

PRISCA *(remettant sa montre à son poignet)* - Dix minutes pile !
C'est parfait ! Je dois filer, j'ai une conférence et ensuite un cocktail
en l'honneur de Juliette Binoche, notre nouvelle égérie... *(Elle
serre la main d'Anémone et se dirige vers la porte.)* Au revoir !
À demain...

ANÉMONE - À demain. *(Après un instant de silence, elle reprend
ses esprits.)* Eh bien, ça alors ! En voilà une qui sait ce qu'elle veut !
Une vraie tornade ! Elle me plaît... Je pourrai apprendre beaucoup
à ses côtés.

SCÈNE 3
Recrutement de Frédérique
ANÉMONE et FRÉDÉRIQUE

*Après la sortie de Prisca, Anémone est seule et va chercher
son agenda.
On sonne à la porte.*

ANÉMONE - Zut ! Je n'ai pas eu le temps de consulter mes fiches...
Qui dois-je voir maintenant ? Ah oui ! Frédérique, trente ans. Elle
travaille à la RATP... Fonctionnaire, parfait ! *(On re-sonne.)* Voilà,
voilà ! J'arrive ! *(Elle ouvre la porte.)*

FRÉDÉRIQUE - Bonjour ! J'viens pour l'annonce ! Euh... rapport
à l'appartement !

ANÉMONE *(intimidée et a peur de ne pas savoir mener l'entretien)* -
Oui... Oui ! Je suis Anémone... Vous êtes Frédérique, c'est ça ?

FRÉDÉRIQUE - Ouais, c'est bien ça ! Et vous êtes Anémone ?

ANÉMONE - Oui, c'est moi… Et vous êtes Frédérique… Euh… je vous en prie, entrez… *(Elle dirige Frédérique vers la table.)* Avant de vous faire visiter, nous allons discuter un peu… *(Puis elle poursuit en pensant faire de l'humour.)* Mais ne vous inquiétez pas, je ne vais pas vous poser des questions trop embarrassantes… Je ne suis pas la « Tenardière » !

FRÉDÉRIQUE - Oh ! ben, j'espère bien ! Une « renardière » c'est méchant comme une teigne ces bêtes-là !

ANÉMONE *(s'apprêtant à servir un café à Frédérique)* - Je vous sers un café ?

FRÉDÉRIQUE - Jamais de café après seize heures, malheureuse ! Ou je ne ferme pas l'œil de la nuit… et dans mon cas, ce serait criminel… *(Très fière de son effet.)*

ANÉMONE - Ah bon ?

FRÉDÉRIQUE - Bien sûr ! J'ai la responsabilité de cinquante personnes… Alors si je ne dors pas de la nuit à cause de votre café, c'est demain matin que je risque de dormir… Mais sur mon volant… Et hop ! tout le monde au « Père Lachaise »… Au revoir m'sieurs-dames !

ANÉMONE - Après cette démonstration, je ne doute plus des effets nocifs de la caféine ! Je vais vous servir de l'eau, ce sera plus raisonnable…

Anémone va dans la cuisine. Pendant ce temps, Frédérique en profite pour se lever et inspecter la pièce.

FRÉDÉRIQUE - C'est grand ici ! Y'a combien de mètres carrés ?

ANÉMONE *(qui n'en sait absolument rien, répondant de la cuisine)* - Entre cinquante et… deux cents mètres carrés…

FRÉDÉRIQUE *(en criant et en articulant)* - Ça va me changer parce que jusqu'ici « j'habitais seule… avec maman… dans un très vieil appartement… rue Sarazate… ».

ANÉMONE *(toujours de la cuisine)* - C'est vrai, vous habitez avec votre maman ? C'est bien ça…

FRÉDÉRIQUE *(contente de sa blague)* - Mais non, je déconne ! Ma mère est morte il y a huit ans !

ANÉMONE *(qui n'a pas compris)* - Ah bon ! J'aime mieux ça…

FRÉDÉRIQUE *(qui poursuit son observation)* - Eh bien, dis donc, y'a des pépettes ici ! *(Elle mime le geste avec ses doigts et s'approche d'un service en cristal en prenant un verre.)* C'est pas de l'Arcopal ça ! *(D'un geste maladroit, elle manque de le faire tomber mais le rattrape à temps.)* Oh ! merde ! Vaut mieux pas que je le casse, je ne retrouverais pas le même à la « Foir'Fouille » !

Anémone revient et s'installe à table. Elle pose le plateau avec le verre et imite Prisca en posant sa montre sur la table.

ANÉMONE - Parlons peu, parlons bien ! Avez-vous des références financières ? Si oui, combien ? Et pouvez-vous me présenter une caution si nécessaire ?

FRÉDÉRIQUE - Des références financières ?… Vous voulez quoi ? Un RIB, un TIP… Sinon je gagne le SMIC…

ANÉMONE - Bon… Avez-vous chat, chien, homme… ou rien contre ?

FRÉDÉRIQUE - Je ne supporte aucun animal à poils…

ANÉMONE - Ça nous fait un point en commun ! *(Elle regarde sa montre.)* Il nous reste dix minutes, je vais vous faire visiter l'appartement… *(En montrant la porte de la chambre de Prisca.)* Cette chambre est louée… Enfin, je crois… Elle emménage demain !

FRÉDÉRIQUE - Ah bon ! Mais nous serons combien exactement dans cet appart ? Plus on est de fous, plus on rit… Mais quand même !

ANÉMONE - Non, non, ne vous inquiétez pas ! Nous ne serons que trois… Elle s'appelle Prisca.

FRÉDÉRIQUE - Ah ! d'accord ! J'vois le genre !

ANÉMONE - Vos styles sont différents… Mais je suis sûre que vous vous entendrez très bien !

FRÉDÉRIQUE - Ouais… On verra !

ANÉMONE - Venez, je vais vous montrer votre chambre. *(Elle ouvre la porte.)* La porte de droite c'est le cabinet de toilette avec salle de bains…

FRÉDÉRIQUE - Ça m'a l'air parfait ! Et pour le loyer, c'est combien ?

ANÉMONE *(un peu gênée)* - Eh bien, compte tenu du marché en ce moment… et de l'emplacement, j'ai estimé pouvoir louer la chambre et l'accès aux pièces de vie à quatre cent cinquante euros par mois…

FRÉDÉRIQUE - Allez ! On dit quatre cents… et je vous file des tickets de bus gratos ! C'est O.K. ?

ANÉMONE - Bon, vous m'êtes sympathique et, pour tout dire, j'ai hâte de commencer l'aventure ! C'est O.K. ! *(On voit que ce n'est pas le vocabulaire habituel d'Anémone.)*

FRÉDÉRIQUE - Tope là ! Super…

ANÉMONE - Alors, à très bientôt…

FRÉDÉRIQUE *(sortant)* - Au revoir !

ANÉMONE *(seule sur scène)* - Je crois que je m'en suis bien sortie ! En route pour de nouvelles aventures, Anémone…

SCÈNE 4
Emménagement de Prisca
ANÉMONE et PRISCA

Prisca est seule sur scène au téléphone avec les déménageurs.

PRISCA *(au téléphone)* - Mais puisque je vous dis qu'il m'en manque une ! Évidement que j'ai bien vérifié ! Vous me prenez pour une imbécile ? Il me manque mon vanity… *(Énervée.)* Une petite valise de toilette… Comment ça ?… Ah bon ! Ce n'est pas grave ? Mais vous ne vous rendez pas compte, j'ai toute ma vie là-dedans !… Mon maquillage, mes produits… Comment ça plus naturelle ? *(Elle est très énervée. Anémone sort de la cuisine et écoute la conversation.)* Ah ! je vois ! Monsieur fait sûrement partie de ces hommes qui préfèrent leur femme au naturel mais qui fantasment sur des blondasses peroxydées, maquillées comme des voitures volées ! Espèce de macho frustré ! Je vous préviens : si vous ne retrouvez pas mon vanity, je vous colle un procès aux fesses !… Je ne vous souhaite pas le bonjour, monsieur ! *(Elle raccroche sèchement.)* « Plus naturelle », quel con !

ANÉMONE *(très étonnée de ce qu'elle a entendu)* - Eh bien, dites donc ! Il ne faut pas vous chercher !

PRISCA *(se radoucissant)* - Rassurez-vous, je ne m'énerve que lorsque la situation est spécialement grave !

ANÉMONE - Ah bon ? Et dites-moi, sans vouloir être indiscrète, la situation est-elle spécialement grave ?

PRISCA - Elle l'est… Ces abrutis de déménageurs ont égaré mon vanity !

ANÉMONE - Votre quoi ?

18

Prisca - Ma trousse de toilette si vous préférez…

Anémone *(d'un ton sarcastique)* - Ah oui! La situation est même complètement désespérée!

Prisca *(haussant les épaules)* - C'est pour mon travail!… Les produits sont des prototypes que je dois tester… Ils n'existent pas encore sur le marché! Je risque ma place, moi! Alors, vous comprenez que je me sois un peu énervée avec l'autre incompétent misogyne…

Anémone - Allons, allons… Ne vous inquiétez pas… Ils n'ont quand même pas disparu ces échantillons… Voulez-vous que je vous aide à porter vos bagages dans votre chambre?

Prisca - C'est très gentil à vous, je veux bien un petit coup de main… Ce ne sont pas des échantillons mais des prototypes!

Anémone - Oui… Oui… *(Commence alors le va-et-vient entre la chambre de Prisca et le salon… Anémone traîne difficilement une grosse valise.)* Eh bien, dites donc! Vous devez avoir une sacrée garde-robe, si j'en juge par le poids de cette valise!

Prisca *(revenant de la chambre)* - Ah oui! Non mais celle-ci est particulière…

Anémone - Ah bon?

Prisca - Oui, c'est celle qui contient le corps de mon dernier amant… que j'ai découpé en morceaux, c'est pour ça qu'elle est lourde!

Anémone - Oh! mon dieu! *(Elle lâche la valise d'un coup.)*

Prisca - Je plaisante… Même si j'en ai souvent eu envie…

Anémone - Oui… Bien sûr! *(Elle n'est qu'à moitié rassurée.)* Me voilà rassurée… Mais dites-moi, Prisca, en parlant d'hommes… Vous avez toujours été célibataire?

PRISCA - Eh bien, disons que dans ce domaine aussi je teste des prototypes !

ANÉMONE - Ah oui ? Et alors, c'est intéressant ?

PRISCA - Il y a de tout… Certains ne sont pas très au point… Mais comme avec les prototypes, je tiens à jour une « défauthèque »…

ANÉMONE *(éberluée)* - Une « défauthèque » ?

PRISCA - Oui, je fais une liste des défauts de chacun… Ce qui me permet ensuite de les regrouper dans différentes catégories…

ANÉMONE - C'est amusant… C'est un peu comme « 60 millions de consommateurs »…

PRISCA - Oui… Si on veut…

ANÉMONE *(très émoustillée)* - Et dites-moi, Prisca, c'est quoi la tendance masculine en ce moment ?

PRISCA - Le métrosexuel…

ANÉMONE - Quoi ? Ne me dites pas que c'est un homme qui aime faire « ça » dans le métro ?

PRISCA *(haussant les épaules)* - Mais non ! Le métrosexuel est un trentenaire célibataire et citadin qui aime les filles… Ce qui, soit dit en passant, est déjà formidable à notre époque ! Mais qui a l'allure d'une tapette !

ANÉMONE - Ah bon ? Et ça plaît aux filles ?

PRISCA - Il faut croire que oui… Mais, en tant que femme, ça me dérangerait fortement que mon mec passe plus de temps que moi dans la salle de bains…

ANÉMONE - Bernard ne s'occupait pas beaucoup de son apparence, avant, mais je me demande s'il n'est pas devenu comme vous dites depuis qu'il est avec sa nouvelle « putenaire »…

Prisca - Ah! petit lapsus révélateur!... Vous voulez dire « partenaire » sans doute...

Anémone - Ce n'est pas ce que j'ai dit?

Prisca - Si, si...

Anémone - Et à part le métrosexuel, il y a d'autres tendances?

Prisca - Oh oui! Bien sûr! Nous avons toujours la bonne vieille tendance de « l'enfoiré affectif »; l'enfoiré affectif se décline dans tous les styles : hivernal ou printanier, BCBG ou décontracté... Le gros avantage de cette tendance, c'est qu'elle peut se porter à tous les âges! L'enfoiré affectif est... comment dire... intemporel! J'ai personnellement un gros coup de cœur pour cette tendance!

Sur ce, on sonne à la porte et Prisca va dans sa chambre.

SCÈNE 5

Emménagement de Frédérique

Anémone, Frédérique et Prisca

Anémone *(allant ouvrir la porte)* - Ah! ce doit être Frédérique!

Anémone ouvre la porte à Frédérique qui tient le vanity dans ses mains et le pose par terre ainsi que tous ses sacs plastique.

Frédérique - Bonjour, bonjour... Voilà! Toute ma vie est là!... Pas besoin de déménageurs! Parer à toutes les éventualités, c'est ma devise! Ça m'a servi plus d'une fois de pouvoir décamper au plus vite... Surtout certaines fins de mois un peu raides...

ANÉMONE *(qui a peur de comprendre)* - Que voulez-vous dire exactement ?

FRÉDÉRIQUE *(qui se rend compte qu'elle aurait mieux fait de se taire)* - Non mais rassurez-vous ! Ces temps-là sont révolus !… Je ne cours plus assez vite ! *(Voyant la tête d'Anémone.)* Je vous charrie…

Prisca sort de sa chambre.

ANÉMONE - Frédérique, permettez-moi de vous présenter Prisca, notre troisième loca…

Mais Anémone n'a pas le temps de finir sa phrase que Prisca hurle en se dirigeant vers son vanity qu'elle vient d'apercevoir à la main de Frédérique.

PRISCA - Mon vanity ! C'est mon vanity ! Où l'avez-vous trouvé ? *(Elle se jette sur son vanity.)*

FRÉDÉRIQUE *(incrédule)* - C'est à vous ça ? Je l'ai trouvé sur le trottoir, à côté des poubelles ! Je me suis dit que ça pourrait peut-être me servir ! *(Puis en regardant Anémone.)* Les gens jettent des trucs presque neufs ! Moi, j'aime pas le gaspillage…

PRISCA *(qui vérifie le contenu de son vanity)* - Ces imbéciles de déménageurs ont dû le faire tomber ! Les crèmes, c'est O.K. ! Les protos, c'est O.K. ! Les parfums : « N°5 », « N°19 »… « Égoïste »…

ANÉMONE - Quel drôle de nom pour un parfum !

PRISCA - C est un parfum d'homme !

FRÉDÉRIQUE - Alors c'est bien vu !

ANÉMONE - Il ne vous manque rien ?

PRISCA - Apparemment, non…

ANÉMONE - C'est parfait ! *(S'adressant à Frédérique qui paraît très étonnée de l'attitude de Prisca.)* Prisca aurait pu perdre son emploi à cause de cette petite valise !… Mais avec tout ça, je ne vous ai toujours pas présentées… Frédérique, Prisca… Prisca, Frédérique…

Prisca - Enchantée !

FRÉDÉRIQUE - Pareillement…

ANÉMONE *(d'un air entendu, s'adressant à Prisca)* - Frédérique a un métier à hauts risques figurez-vous !

PRISCA - Ah bon !

FRÉDÉRIQUE - Oui, enfin…

ANÉMONE - Elle travaille à la RATP !

PRISCA *(d'un ton sarcastique)* - Effectivement !

ANÉMONE - Mesdames, soyez les bienvenues ! Je vais vous laisser vous installer tranquillement, pendant ce temps je nous prépare un petit cocktail… *(Elle est très excitée à l'idée d'avoir des copines.)* Je vais finir de tartiner les toasts ! À tout à l'heure, mesdames !

PRISCA - À tout à l'heure…

FRÉDÉRIQUE - Ouais… Et pour les toasts, je les aime avec beaucoup de pâté ! *(Prisca et Frédérique restent toutes les deux. Frédérique n'est pas pressée de ranger ses affaires, elle laisse tout par terre et s'écroule dans le canapé pendant que Prisca range ses affaires.)* Ouf ! Je m'assois deux secondes, je suis crevée ! *(Elle met ses pieds sur la table du salon et prend ses aises.)* Ça me plaît bien ici ! Je commence à me sentir à l'aise…

PRISCA *(d'un air ironique)* - Je vois ça ! *(Elle vérifie encore le contenu de son sac.)*

FRÉDÉRIQUE - Anémone a l'air un peu coincé mais c'est pas la mauvaise fille… Qu'est-ce que t'en penses ? J'te dis « tu », hein ? Ce s'ra plus simple ! On est tous pareils au fond…

PRISCA - Je ne pense pas, non !

FRÉDÉRIQUE - De quoi ? Tu ne penses pas quoi ?

PRISCA - Je ne pense pas que nous soyons tous pareils… L'égalité n'existe pas… Alors c'est peut-être choquant, c'est sûrement révoltant… Mais c'est ça, la réalité ! Nous ne sommes égaux ni devant les patrons, ni devant les banquiers… Et pour nous, les femmes, aujourd'hui encore appelées « sexe faible », sexe bien malmené d'ailleurs dans certaines partie du monde… c'est encore moins égal !… Alors tu vois, non, je ne pense pas que nous soyons tous pareils !

Silence de Frédérique, complètement interloquée. Elle hoche la tête.

FRÉDÉRIQUE - Mais je peux te tutoyer ou pas ?

PRISCA - Oui, oui… Tu sais, je te dois une fière chandelle : si tu n'avais pas retrouvé mes « protos » j'aurais pu me faire virer… Je travaille pour une grosse boîte et…

FRÉDÉRIQUE *(lui coupant la parole)* - Oui, oui, Anémone m'a dit que tu vendais des produits de salle de bains… Tiens, d'ailleurs, t'aurais pas du gel douche à me filer ? Je crois que je n'en ai plus !

PRISCA *(très vexée)* - Je m'occupe des relations publiques chez Chanel ! Je ne vends pas de gel douche !

FRÉDÉRIQUE - Ah bon ? Dommage… *(Regardant ses affaires par terre.)* Ce n'est pas tout ça, mais les affaires ne vont pas se ranger toutes seules… *(En se levant péniblement du canapé.)* Allez ! Un peu de courage, Frédo ! *(Elle commence à ranger ses affaires.)*

Prisca, qui était partie dans sa chambre, revient avec un bonzaï... Elle essaie de lui trouver une place.

PRISCA - Je me demande où je vais le mettre ? Il faut trouver LA bonne place, c'est très fragile... Le bonzaï, c'est toute une philosophie...

FRÉDÉRIQUE - N'exagérons rien, ce n'est qu'une plante verte...

PRISCA - Ce n'est pas une plante, c'est un arbre !... C'est l'arbre de la vie ! Et comme la vie, c'est précieux ! Il faut y faire attention, le bichonner, lui parler, lui donner de l'amour...

FRÉDÉRIQUE - Eh ben ! C'est encore plus de boulot qu'un clébard !...

Frédérique ramasse ses sacs, mais il y en a un qui tombe et on aperçoit des vêtements et une casquette en cuir noir... Frédérique ne l'a pas vu tout de suite, ce qui laisse le temps à Prisca de s'en emparer.

PRISCA - C'est quoi ça ? Ne me dis pas que c'est le nouvel uniforme de la RATP ? *(Elle met la casquette sur sa tête.)*

FRÉDÉRIQUE - T'es bête ! Rends-moi ça !

PRISCA - Ça aurait pourtant de l'allure, tu ne trouves pas ?

FRÉDÉRIQUE - Ouais, bien sûr ! Allez, c'est bon... Rends-la-moi !

S'engage alors une course-poursuite, Frédérique essayant de récupérer sa casquette... Prisca la nargue.

PRISCA - Super ! On va pouvoir faire une soirée « Village people » ! *(Elle entame une chorégraphie en chantant.)* « YMCA ! YMCA ! »

FRÉDÉRIQUE - Arrête ! T'es pas drôle...

Sur ce, Anémone arrive de la cuisine avec le plateau apéro.

ANÉMONE - Pour les toasts vous préférez… Eh bien, je vois que l'emménagement se fait dans la joie et la bonne humeur !

PRISCA - Regardez ce que j'ai trouvé dans les affaires de Fred ! Avec ça, je sens que nos soirées vont être très gaies…

ANÉMONE *(qui prépare la table du salon pour l'apéritif)* - C'est assez joli ! Il paraît que j'ai une tête à chapeaux !

FRÉDÉRIQUE - Une tête à porter le chapeau… Oui, ça c'est sûr ! Bon, allez, rendez-moi ça ! *(Elle s'empare de la casquette.)* La fête est finie, on remballe ! Mais si ce genre de déguisement vous amuse, ne vous inquiétez pas, j'en ai d'autres…

PRISCA *(l'air dubitatif)* - Ah bon ?

FRÉDÉRIQUE *(très gênée)* - Euh… oui… Un vieux stock… de l'époque où je travaillais dans un…

PRISCA *(ironique)* - Un sex-shop !

FRÉDÉRIQUE *(qui hausse les épaules)* - Dans un magasin de farces et attrapes…

ANÉMONE - Alors ça, c'est formidable ! On pourra organiser des soirées déguisées ! J'adorerais ça ! Je n'ai jamais eu l'occasion de participer à ce genre de soirée… Bien trop olé olé pour Bernard !… Prenez place, mesdames…

PRISCA *(qui n'a pas cru à l'histoire de Frédérique, mais qui fait semblant de rentrer dans le jeu d'Anémone)* - Mais oui, Anémone a raison ! Et ce qui serait encore plus drôle, ce serait de trouver un thème par soirée… Par exemple : « Je viens de me faire larguer par mon mec qui m'a massacré l'ego, mais je sais encore être drôle… » Rires et Prozac, la fête est plus folle !

ANÉMONE *(qui sert l'apéro)* - C'est pour moi que vous dites ça ?… Vous êtes dure, Prisca !

FRÉDÉRIQUE - C'est vrai… C'est un peu raide…

PRISCA *(qui se rend compte qu'elle a été un peu dure et se radoucit)* - Oh! mais non, Anémone! Je ne disais pas ça QUE pour vous… Ce genre de situation est assez répandue, vous savez… Et si les déguisements vous amusent je suis prête à vous troquer mon costume de parfaite pétasse inaccessible que je porte généralement au bureau… Vous verrez, il y a de quoi passer quelques soirées rigolotes là aussi!

ANÉMONE - Oh! Prisca! Vous êtes dure avec les autres mais vous êtes dure avec vous-même!… Cela dit, j'aimerais bien être une fois dans ma vie une pétasse… Pour voir si moi aussi je peux voler le mari des autres… Mais dans ce cas, allons jusqu'au bout, il faut qu'elle soit blonde avec une forte poitrine…

PRISCA *(qui n'en revient pas)* - Ouah!

FRÉDÉRIQUE - Je sens que cette colocation va faire du dégât!

PRISCA - Qui sait? Ne désespérons pas complètement de la nature humaine. Peut-être que de cette expérience ne sortira que le meilleur de nous-mêmes!

ANÉMONE - C'est très beau ce que vous dites, Prisca! Je crois en l'humanité! En tout cas, au moins en la moitié de l'humanité…

PRISCA - Pourquoi en la moitié seulement?

FRÉDÉRIQUE - Ben oui! Qu'est-ce qu'elle a qui va pas l'autre moitié?

ANÉMONE - L'autre moitié est masculine!

PRISCA - Eh bien, dites-moi, Anémone! On se lâche!… J'ai l'impression de percevoir un peu d'animosité dans vos propos…

FRÉDÉRIQUE - Moi j'ai toujours dit qu'on vivrait très bien avec la moitié de l'humanité… En plus, on résout le problème du logement!

ANÉMONE - Je propose que nous portions un toast à notre nouvelle vie !

PRISCA - Je lève mon verre à Anémone et à son excellente idée de colocation !

FRÉDÉRIQUE - Oui, on peut dire que cette annonce est tombée à pic !

ANÉMONE - Nous ne nous connaissons pas encore mais je tiens à vous dire que je suis ravie que vous soyez là et je vous souhaite la bienvenue chez moi !

PRISCA - Vous savez, je trouve très intéressante cette idée de colocation. Non seulement cela peut résoudre certains problèmes financiers… *(Elle regarde Frédérique.)*… mais au-delà de ça, il y a l'expérience humaine…

FRÉDÉRIQUE - Voilà !

PRISCA - Vivre en communauté est une excellente façon de se connaître soi-même…

FRÉDÉRIQUE - Voilà !

PRISCA - D'ailleurs je pense que dans cette aventure nous irons au bout de nous-mêmes…

FRÉDÉRIQUE - Oh ! oh !… C'est pas Koh-Lanta non plus !

PRISCA - Parce que, en fait, l'éternelle question n'est-elle pas « qui suis-je ? »… Et comment mieux le savoir qu'en se confrontant aux autres ?… *(Frédérique est éberluée, Anémone suit avec admiration…)* Alors, je finirai en paraphrasant Socrate : « Connais-toi toi-même. » Et je rajouterai : « Alors, peut-être, pourras-tu aimer les autres… »

Silence.

Frédérique - Eh ben, c'est pas Koh-Lanta, mais c'est « Bouillon de culture »…

Anémone est admirative.

Anémone - Bravo Prisca ! Bravo !

Frédérique - Dis donc, ça cogite là-haut ! Mais dis-moi, ton Socrate j'sais pas quoi là, il m'a l'air un peu torturé du bocal ! Non, parce que pour sortir des conneries pareilles ! « Connais-toi toi-même », franchement ça veut rien dire ! Qui j'suis… Qui j'suis ? Ben j'suis Fred et puis c'est tout ! À mon avis, ton mec il doit fumer des trucs bizarres… Ça lui tape sur le ciboulot… Et sinon il a écrit quoi ?… « Moi Socrate ou ma vie sous ecstasy » ?

Anémone - Voyons Frédérique, vous ne pouvez pas dire ça ! Socrate était un grand philosophe et Prisca a raison, il est très important de se connaître soi-même, de savoir ce qui est bon pour soi… Vous savez, j'ai eu le temps de réfléchir depuis le départ de Bernard. Je me suis rendu compte que je ne vivais qu'à travers lui. Je pensais ce que pensait Bernard, je voulais ce que voulait Bernard… À aucun moment je me suis dit : « Mais toi, Anémone, qu'est-ce que tu veux, toi ? » Je me suis oubliée, voilà tout…

Frédérique - Mais Bernard, lui, il n'a pas oublié de se tirer !

Anémone - Exactement ! Alors aujourd'hui, je suis bien décidée à vivre pour moi et à ne plus jamais m'oublier en cours de route. *(Elle lève son verre.)* À notre expérience de vie, qu'elle nous révèle à nous-mêmes et nous fasse avancer sur le chemin du bonheur !

Frédérique - Amen !

Prisca - Alors, trinquons, mes sœurs !

Frédérique - Je préfère ça, là, ça me parle ! Euh… dites-moi Anémone, j'ai commencé à tutoyer Prisca, je peux faire pareil avec toi ?… Parce que le vouvoiement c'est vraiment pas mon truc…

ANÉMONE - Oh oui ! Oui, vous avez raison… Je veux dire, tu as raison. Il faut admettre que pour la vie quotidienne ce sera plus pratique…

FRÉDÉRIQUE - Et appelle-moi Fred, comme tout le monde !

PRISCA - Très bien, puisque les bases sont posées passons aux choses sérieuses… Dis-moi, Fred… comment ça va… sexuellement ?

Anémone manque de s'étouffer en avalant de travers.

FRÉDÉRIQUE - Eh bien, disons que j'ai déjà eu des périodes plus fastes… Ce n'est pas la fête à Neuneu tous les jours, mais que veux-tu, il paraît que mon genre de beauté n'est plus très tendance…

ANÉMONE - Ah bon ? Ça m'étonne !

PRISCA - Je suis sûre qu'avec un peu d'effort et un bon « relooking » on pourrait faire des miracles…

FRÉDÉRIQUE - Ouais… À voir… Mais dis-moi, toi qui fais ta maligne, ta foufounette dans son petit string plein de dentelle, elle se sentirait pas un peu triste et esseulée par hasard ?

ANÉMONE - Oh ! voyons, Fred !

FRÉDÉRIQUE - Ouais ! Parce qu'il y a beau avoir du relookage, j'ai l'impression qu'il n'y a pas beaucoup de passage…

ANÉMONE *(très gênée)* - Oui… Bon… Cette discussion est très intéressante… mais je dois aller préparer le dîner. Vous restez ?

PRISCA - C'est très gentil, Anémone, mais je ne peux pas ; j'ai un repas d'affaires…

FRÉDÉRIQUE - D'affaires de quoi ?… D'affaire de hum, hum… *(Elle mime avec ses deux doigts deux personnes qui s'embrassent.)* Enfin bref, disait Pépin !… Moi non plus, Anémone, je ne reste pas… *(Un peu gênée.)* J'avais pas prévu. Et j'ai promis à des amis de passer…

ANÉMONE *(très déçue de se retrouver seule)* - Tant pis ! Je vais mettre le gigot au frais… L'avantage avec le gigot c'est que c'est aussi bon froid que chaud ! *(Elle se dirige, penaude, vers la cuisine.)*

PRISCA - Anémone est déçue que nous ne restions pas dîner avec elle… Mais bon, c'est de la colocation, pas la vie de famille !

FRÉDÉRIQUE - Oui, bien sûr, ne donnons pas de mauvaises habitudes, mais elle doit se sentir seule depuis le départ de Bernard. *(Elle prononce « Bernard » ironiquement.)*

PRISCA - Certainement, mais nous ne sommes pas là pour lui remonter le moral !

FRÉDÉRIQUE - Non, mais on peut quand même l'aider un peu…

PRISCA - Eh bien, on le fera, mais pas ce soir, j'ai autre chose à faire ! D'ailleurs il faut que j'aille me préparer.

Prisca va dans sa chambre et laisse Frédérique seule sur scène.

FRÉDÉRIQUE *(prenant un ton assez bas et presque mystérieux)* - Oui, moi aussi je dois me préparer…

RIDEAU

ACTE II

SCÈNE 1

Petit déjeuner de filles

ANÉMONE, FRÉDÉRIQUE et PRISCA

Le rideau se lève, c'est dimanche matin. Anémone sort de la cuisine, elle est en train de préparer la table pour le petit déjeuner... Elle chantonne. Elle retourne dans la cuisine et, pendant ce temps, Frédérique entre discrètement en passant d'abord la tête pour vérifier qu'il n'y a personne. Elle est habillée de cuir noir, pantalon, blouson, casquette. Elle rejoint sa chambre furtivement et referme sa porte lorsque Anémone revient de la cuisine sans l'avoir vue.

ANÉMONE *(préparant la table en chantonnant sur l'air de « Carmen »)* - « L'amour est enfant de bohème... la, la, la... Si tu ne m'aimes pas je t'aime et si je t'aime prends garde à toi... » On dirait la table de « Madame Ricoré » ! J'adore ces ambiances familiales ! *(Elle regarde sa montre.)* Dix heures ! J'espère que les filles vont bientôt se lever. J'ai déjà eu le temps de faire mon ménage, moi ! Les déménagements, ça fatigue... Notre petite conversation d'hier soir m'a fait beaucoup de bien. On voit qu'elles ont de l'expérience... Tout ce que je souhaite c'est qu'il n'y ait pas trop d'étincelles entre Fred et Prisca, elles sont tellement différentes ! Je sens que je vais beaucoup apprendre à leur contact ! Même si parfois j'ai l'impression qu'elles me trouvent un peu naïve… Mais bon, je suis comme je suis… Pff !

Prisca sort de sa chambre, elle a un masque de crème rouge sur le visage.

PRISCA - Bonjour Anémone !

ANÉMONE *(se retournant)* - Oh ! mon dieu ! C'est une allergie ! Bernard a fait la même chose après avoir mangé du crabe…

PRISCA *(haussant les épaules)* - C'est un masque de beauté ! J'en fais un par semaine, celui-ci est à la tomate…

ANÉMONE - C'est pour ça qu'il est rouge ! Et c'est bon pour la peau ?

PRISCA - Bourré de vitamine C ! Très efficace contre les rides !

ANÉMONE - Tiens donc, je devrais peut-être essayer !

PRISCA - Oui, je peux t'en prêter si tu veux, mais l'efficacité du résultat dépend surtout de l'âge auquel tu commences à l'utiliser !

ANÉMONE *(un peu vexée)* - Merci…

Entrée de Frédérique, les cheveux ébouriffés. Elle est en vrac, une petite trace de rouge à lèvres sur le front.

FRÉDÉRIQUE - B'jour tout le monde !

ANÉMONE et PRISCA - Bonjour !

FRÉDÉRIQUE - Oh ! parlez pas si fort ! *(Tenant sa tête dans ses mains.)* Ça résonne là-dedans ! On dirait qu'y a une fanfare qui défile pour le 14-Juillet ! *(Elle s'affale sur le canapé.)* Oups ! Et puis, ça tangue…

PRISCA - Eh bien, tu as une de ces têtes !

FRÉDÉRIQUE *(qui voit le masque)* - C'est toi qui me dis ça ! Qu'est-ce qui t'est arrivé ? Tu t'es fait agresser par un steak haché ou quoi ?

PRISCA - Ah ! c'est malin !

ANÉMONE - Bon, allez ! Café pour tout le monde ! Un bon petit déjeuner ça va nous faire du bien ! *(Elle sert les tasses.)*

PRISCA - Avec deux sucres pour moi !

FRÉDÉRIQUE - Avec deux aspirines pour moi !… *(D'un air entendu.)* Et toi, au fait, ta soirée, c'était comment ?

PRISCA - Oh ! comme d'habitude ! Gratin de la « jet set », petits fours, champagne et discussions interminables !

FRÉDÉRIQUE - Ben, comme moi ! Gratin dauphinois, Chipsters, bières et la chute fut interminable !

ANÉMONE *(qui revient de la cuisine avec un verre qu'elle tend à Frédérique)* - Tiens, bois, ça va te faire du bien…

FRÉDÉRIQUE - Ah ! merci ! Voilà de quoi faire taire tous ces cuivres et autres tambourins ! *(Elle prend une biscotte et se lève de table pour aller s'asseoir dans le canapé.)*

ANÉMONE - Dites-moi les filles, qu'avez-vous de prévu pour cet après-midi ?

PRISCA - Eh bien, l'artiste du moment, celui qui nous a fait notre dernière campagne d'affichage, fait son vernissage aujourd'hui. Évidemment nous nous devons de le soutenir… J'ai la possibilité d'amener quelqu'un, si l'art vous intéresse…

ANÉMONE *(qui débarrasse la table)* - Oh oui ! J'adorerais ça !

FRÉDÉRIQUE - Ouais… Non… Merci…

PRISCA - Bon ! Réfléchissez. Moi, je vais m'habiller !

ANÉMONE *(aspirant la table avec un ramasse-miettes électrique)* - Allez, Fred, viens avec nous, l'air te fera du bien !

FRÉDÉRIQUE - Bon, d'accord !… Y'a rien à la télé…

Anémone va aspirer le canapé où se trouve Frédérique, elle traque les miettes.

ANÉMONE - C'est mon premier vernissage ! Bernard détestait la peinture…

FRÉDÉRIQUE *(à Anémone qui est en train de l'aspirer)* - Oh ! oh ! Doucement ! Je ne vais pas rentrer dans ton aspirateur…

ANÉMONE - Mais il y a des miettes ! Pff…

FRÉDÉRIQUE - On ferait mieux d'aller se préparer, Prisca ne va pas nous attendre.

ANÉMONE - Je suis excitée comme une puce !

NOIR

SCÈNE 2

Retour du vernissage

ANÉMONE, FRÉDÉRIQUE et PRISCA

Entrée d'Anémone et Frédérique.

ANÉMONE - C'était super ! J'adore les vernissages ! Je ne voyais pas ça aussi festif… Et tous ces gens, ils ne vous connaissent pas, ils vous parlent quand même…

Frédérique *(prenant l'accent BCBG)* - Ouais… « Salut ! Tu connais l'artiste ? Génial, non ? »

Anémone - J'ai beaucoup aimé l'exposition. L'art moderne, c'est… Comment dire ?… Surprenant !

Frédérique - Tu parles ! J'ai passé mon temps à me demander dans quel sens il fallait regarder !

Anémone - Il ne faut pas chercher le sens mais penser avec ses sens…

Frédérique - Qu'est-ce que c'est que ce charabia ?

Anémone - C'est ce que m'a dit l'artiste. Il faut se laisser guider par ses émotions…

Frédérique - Ah ouais…

Prisca entre en trombe. Elle est furieuse…

Prisca - Alors là, Fred, bravo ! Je n'ai qu'un mot à dire : B.R.A.V.O. *(Elle épelle le mot.)* Bravo ! Tu sais qu'il m'a fallu une heure pour persuader l'artiste que sa toile gagnait en réalisme, que c'était plus percutant avec une trace de doigt en plein milieu ?

Frédérique - Ouais…

Anémone - Elle s'est excusée !

Frédérique - Non, mais ça, c'est le problème avec les toasts, ça coule partout…

Prisca - J'aurais dû te prévenir avant, comme avec les enfants, on ne touche qu'avec les yeux…

Le téléphone sonne et Anémone va décrocher. Prisca va dans sa chambre et Frédérique se vautre sur le canapé.

Frédérique - Je suis crevée, moi, avec tout ça !

Anémone - Allô! Oui… Oh! Bernard! Ça fait longtemps. Comment vas-tu?… Comment, tu reviens d'Italie?… De Venise… Ah! pour ton travail sans doute?… Non! Ah bon…

Frédérique *(qui écoute la conversation)* - Ah! Bernard! Bernard, il ne manquait plus que celui-là!

Anémone - Tu voudrais me voir? Mais oui, bien sûr Bernard…

Frédérique - Tu penses Hortense…

Anémone - Oui, Bernard…

Prisca revient de sa chambre.

Frédérique - C'est Bernard!

Prisca - Qu'est-ce qu'il veut celui-là? Il a des remords ou quoi?

Anémone - J'ai tellement de choses à te dire, tu sais ma vie a changé… Oui, bien sûr, tu n'as pas le temps…

Frédérique - Pas le temps, tu m'étonnes!

Anémone - On se voit quand? Ta date sera la mienne… Le 14 février… Pas avant? Débordé… Bon d'accord! Vingt heures à la maison, pour dîner… Au revoir Bernard! *(Elle raccroche. Toute rêveuse.)* C'était Bernard! *(Moment de silence.)*

Prisca - Oh! oh! Redescends…

FFrédérique - Dis-nous plutôt ce qu'il voulait, ton Bernard!

Anémone - Il veut que l'on se voie, il doit me parler, il vient dîner le 14 février.

Prisca - Le 14 février? Il a bien choisi sa date!

Frédérique - Pourquoi?

Prisca - C'est la Saint-Valentin, je ne risque pas de l'oublier, on est en plein dans le plan marketing…

ANÉMONE - La fête des amoureux ! Oh ! Bernard ! Tu y as pensé… *(Elle est toute rêveuse.)*

FRÉDÉRIQUE - Oui, ben, rêve pas… Pour lui, c'est juste une date, ça aurait pu être le 15… ou le 16… ou le 17…

PRISCA - … ou le 13…

ANÉMONE - J'ai compris ! Vous ne pensez pas que Bernard l'ait fait exprès, soit ! Mais il veut me parler…

PRISCA - Parler ? Attends-toi au pire !

ANÉMONE - Pourquoi toujours le pire ? Peut-être qu'il a besoin de me voir, je dois lui manquer… un peu… quand même…

FRÉDÉRIQUE *(sur un ton ironique)* - Oh oui… Bien sûr… *(S'adressant à Prisca.)* Bernard revient de Venise !

PRISCA - Ah ! d'accord…

ANÉMONE - Et alors ? Peut-être que là-bas il a réfléchi, peut-être qu'il s'est rendu compte que je lui manquais…

PRISCA - Excuse-moi, Anémone, mais on ne va pas à Venise pour réfléchir ! On va à Venise pour baiser…

FRÉDÉRIQUE - O.K., O.K., ça va ! Je pense qu'Anémone a bien compris que Bernard n'était pas seul à Venise…

ANÉMONE - Oh ! taisez-vous toutes les deux ! Moi, je veux y croire… Bernard a été mon mari pendant vingt ans… Je peux quand même lui accorder une seconde chance !

PRISCA - Fais attention à toi, Anémone…

FRÉDÉRIQUE - Ouais ! Fais gaffe… Avec les hommes, c'est comme avec les chevaux : il faut toujours t'attendre à un coup de pute… Tu leur fais confiance, tu lâches les rênes et hop ! il t'envoie valdinguer…Tu te retrouves le cul par terre !

Le téléphone sonne.

ANÉMONE *(un peu sous le choc de la discussion)* - Tu veux bien répondre, Prisca ?

PRISCA - Allô !… C'est toi ?… Je t'ai dit de ne jamais m'appeler ici !… Quoi, mon portable ? Je l'ai coupé… N'insiste pas, c'est NON ! *(Elle raccroche sèchement.)*

ANÉMONE - Que se passe-t-il, Prisca ? Tu as l'air contrariée…

PRISCA - Oui… Non, enfin c'est mon patron…

FRÉDÉRIQUE - Un dimanche ! Il n'est pas gêné celui-là ! Faut pas te laisser faire ma vieille !

PRISCA - Ne t'inquiète pas, je ne me laisse pas faire. *(Un peu plus bas.)* C'est bien le problème… Dis-moi, Anémone, je pensais à quelque chose… Si on faisait une séance de relooking ?

ANÉMONE - De quoi ?

PRISCA - De relooking. Je te prête des vêtements et on essaye de te trouver un look sympa ! Si tu veux récupérer Bernard, autant mettre toutes les chances de ton côté !

ANÉMONE - Pourquoi ? Qu'est-ce qu'il a mon look ?

PRISCA - C'est très… classique…

ANÉMONE - Oui ! Et alors ? Bernard m'a toujours connue comme ça !

FRÉDÉRIQUE - Justement, il est parti !

ANÉMONE - Ça, c'est rosse… *(Elle est vexée.)*

PRISCA - Allez, viens, Anémone… On va voir ce que l'on peut faire…

FRÉDÉRIQUE - Ah! les filles et leurs fringues, c'est quelque chose ! Elles passent des heures à se demander comment elles vont s'habiller. Tout ça pour qu'on ait qu'une envie : c'est de les déshabiller ! C'est pour ça qu'on les aime !... J'ai une de ces faims, moi, ça me fait toujours ça les lendemains de cuites... J'vais me faire un p'tit « casse-dalle ». *(Elle va se préparer un plateau dans la cuisine et chante en même temps.)* « J'aime regarder les filles qui marchent sur la plage... quand elles se déshabillent et font semblant d'être sages... J'aime... » *(Elle revient avec un énorme sandwich. Elle s'installe sur le canapé et met des miettes partout. Elle regarde la télé, les pieds sur la table.)* « J'aime regarder les filles dans leur petit bikini... Qui font semblant d'être sage les petites fifilles... » Oh ! ne t'énerve pas ma Frédo ! *(Elle secoue les miettes.)* Oh là là ! Je vais encore me faire engueuler par « Miss Aspi ». *(Elle tente de nettoyer mais balance toutes les miettes par terre.)*

Prisca et Anémone reviennent. Anémone porte une nouvelle tenue : des vêtements de Prisca.

ANÉMONE - Alors, comment me trouves-tu, Fred ?

FRÉDÉRIQUE - Ouais, bof... Pas suffisant pour affoler un Bernard qui fait sa crise de la quarantaine !

PRISCA - Tu as raison, ça ne change pas assez, on peut faire mieux. Viens, Anémone, on va passer la vitesse supérieure !

Elles repartent.

FRÉDÉRIQUE *(toujours dans le canapé)* - Y'a du boulot ! On peut changer l'emballage mais pas ce qu'il y a dedans... *(Le téléphone portable de Prisca, qui est resté sur la table, sonne. C'est un texto. Elle prend le téléphone et fait semblant d'hésiter.)*

FRÉDÉRIQUE - Que faire… Regarde ? Regarde pas ? Bon, allez, hop ! tant pis, c'est trop tentant ! *(Elle lit le nom qui s'affiche.)* Patron ! Encore ! Il est gonflé celui-là ! Je vais lui mettre la CGT au cul, moi ! Alors, voyons ce qu'il a de si urgent à lui dire… *(Elle lit tout haut.)* « J'ai envie de toi, ne me résiste pas ! » Oups ! Effectivement, c'est une urgence !

Prisca et Anémone reviennent.

ANÉMONE - Alors, très chère, cette fois, c'est assez affriolant ?

Anémone défile en se prenant pour un mannequin… qu'elle n'est pas.

FRÉDÉRIQUE - Ah ouais… Là ton Bernard, il ne va pas en revenir, il va te faire le coup du « reviens-y ».

ANÉMONE *(tout émoustillée)* - C'est vrai ? Ce n'est pas trop olé olé, j'espère ! J'aimerais tellement que Bernard me regarde autrement… Merci de tes conseils, Prisca.

PRISCA - C'est gentil, mais tu me remercieras quand tu auras vu Bernard !

ANÉMONE - Oui, tu as raison… D'ailleurs, il ne faudrait pas que j'abîme les vêtements d'ici là, ce serait trop bête ! Je préfère aller les enlever tout de suite. À tout à l'heure les filles, et encore merci Prisca… *(Elle va dans sa chambre.)*

PRISCA - J'espère qu'Anémone ne va pas tomber de trop haut ! Tu le sens comment, toi, Bernard ?

FRÉDÉRIQUE - Disons que j'ai le nez bouché…

PRISCA - En même temps, si Bernard revenait, il nous faudrait quitter les lieux…

FRÉDÉRIQUE - Oui, eh bien, ne t'inquiète pas trop, il n'est pas revenu, le pépère !… Tiens, au fait, tu as reçu un message…

PRISCA - Ah ! *(Elle le lit.)* Non, mais ce n'est pas vrai, il insiste !

FRÉDÉRIQUE - Tu as des ennuis ?

PRISCA - Non… Non… Ce n'est rien.

FRÉDÉRIQUE - Tu peux m'en parler ; au boulot je fais partie du syndicat… J'en ai déjà aidé plus d'une, tu sais… *(Elle prend un ton très mielleux.)*

PRISCA - Pourquoi tu me parles comme ça ?… Oh ! toi, tu as lu mes messages !

FRÉDÉRIQUE *(très gênée)* - Non… mais, c'est juste qu'au début, j'ai cru que c'était mon téléphone… et… euh… « subrepticement »… j'ai intercepté ton message… et… euh…

PRISCA - Oui, bon… ça va, tu t'enfonces… *(Elle capitule et s'écroule au côté de Frédérique dans le canapé.)* De toute façon, cette histoire commence à me peser, j'ai besoin d'en parler à quelqu'un…

FRÉDÉRIQUE - C'est tombé sur moi ! Vas-y, je t'écoute !

PRISCA - Eh bien, voilà… Mon patron veut que je couche avec lui !

FRÉDÉRIQUE - Et ça te pose un problème ?

PRISCA *(silence… puis, très en colère)* - Évidemment, que ça me pose un problème !

FRÉDÉRIQUE - Non, mais ne t'énerve pas, je déconnais… pour détendre l'atmosphère…

PRISCA - Je ne suis pas sûre que ce genre d'humour me détende beaucoup !

FRÉDÉRIQUE - Si je comprends bien, tu es victime de harcèlement sexuel… C'est très grave !

PRISCA - Merci de me le signaler…

FRÉDÉRIQUE - Et dis-moi, je sais que ce n'est sûrement pas facile d'en parler, mais j'ai besoin de savoir pour t'aider… Est-ce qu'il t'a déjà tripotée ? Enfin, tu vois ce que je veux dire ?

PRISCA - Oui, oui, très bien… Ça dépend : les mains sur les seins, ça compte ou quoi ?

FRÉDÉRIQUE *(d'un ton très entendu)* - Tu ironises parce que tu souffres… *(Elle s'approche de Prisca et la prend par les épaules.)* Ne t'inquiète pas, Frédo est là ! Il va payer ce salaud ! On va lui mettre la CGT au cul ! *(Elle s'emballe.)* Ils se croient tout permis parce qu'ils sont patrons ! Bande d'enfoirés, va ! Le combat continue ! On les aura ! À bas le patronat… « C'est la lutte finale, groupons-nous et demain, l'Internationale sera le genre humain… » *(Elle s'est laissée emporter… Silence.)*

PRISCA - Euh… Fred… Fred… *(Elle essaie de se dégager des bras de Frédérique.)* C'est très gentil à toi, mais tu t'emballes là, et… je ne porterai pas plainte…

FRÉDÉRIQUE - Quoi ? Mais il faut que tu le fasses… Prisca, ton patron veut te mettre dans son lit !

PRISCA - C'est déjà fait ! J'ai été sa maîtresse… pendant un an…

FRÉDÉRIQUE - Je suis larguée, moi !

PRISCA - C'était avant que je ne travaille pour lui. J'étais très amoureuse de lui, lui était très marié… Pendant un an, il m'a fait croire qu'il voulait divorcer, qu'il ne couchait plus avec sa femme… Bref, le baratin habituel…

FRÉDÉRIQUE - C'est pas vrai…

PRISCA - Jusqu'au jour où il m'a annoncé que sa femme était enceinte !

Frédérique - C'est pas vrai…

Prisca - Je ne l'avais pas revu jusqu'à ce qu'ils aient la bonne idée, chez Chanel, de changer de directeur marketing… il y a six mois…

Frédérique - C'est lui qu'ils ont pris ? *(Prisca opine du chef.)* Oh ! ben merde alors…

Prisca - Exactement ce que je me suis dit… Au début tout allait bien, c'était copain-copain !

Frédérique - Tu penses Hortense !

Prisca - Depuis deux mois c'est l'enfer, il me harcèle, il me tripote dès qu'il en a l'occasion, il m'envoie des messages salaces…

Frédérique - Sa femme est enceinte !…

Prisca - Non, mais sa femme ne lui a jamais suffi de toute façon ! Pour moi c'est de l'histoire ancienne, je suis passée à autre chose… Ce qui n'a pas été facile d'ailleurs !

Frédérique - Il n'a pas l'air d'avoir compris, lui… N'empêche qu'aujourd'hui c'est ton directeur, qu'il te tripote dans les coins et que tu n'es pas consentante… Prisca, c'est du harcèlement sexuel… Il faut que tu portes plainte !

Anémone revient. Le téléphone sonne, elle décroche.

Anémone - Allô !… Comment ? Vous voulez quoi ? Biner mon petit jardin japonais ?!… C'est bien aimable à vous monsieur, mais je n'ai pas besoin de jardinier… Comment ? Non, je ne suis pas Prisca, je suis Anémone, mais je peux vous la passer… *(Elle se retourne vers Prisca qui lui fait des gestes désespérés qu'elle n'est pas là mais Anémone continue…)* Prisca, c'est un homme qui propose de biner ton jardin… avec une brouette japonaise… Je n'ai pas très bien compris…

PRISCA - Moi, j'ai compris ! Raccroche… Je t'expliquerai.

ANÉMONE - Désolée, monsieur, nous n'avons pas de jardin, mais j'ai une amie qui cherche un jardinier depuis longtemps, je pourrais peut-être… Oh ! il a raccroché ! Quel malpoli !

PRISCA - C'était mon patron !

ANÉMONE - Comment ça, ton patron ? Il aime le jardinage ? Je ne comprends pas bien !

FRÉDÉRIQUE - Tu ne peux pas comprendre, c'est sexuel !

ANÉMONE - Le jardinage, c'est sexuel ? *(Elle hausse les épaules.)*

PRISCA - Il me harcèle !… *(Anémone n'a toujours pas l'air de comprendre.)* Il aimerait bien que je couche avec lui, il me pelote au boulot !… Ça y est, tu as compris ? Le petit jardin japonais…

ANÉMONE - Quel goujat ! Il faut porter plainte !

PRISCA - Oui, mais c'est compliqué…

FRÉDÉRIQUE - Compliqué ou pas, il faut le faire et on va t'aider !

ANÉMONE - Exactement !

PRISCA - Je vous remercie les filles, ça m'a fait du bien d'en parler… Je vais aller dans ma chambre me ressourcer, je dois ouvrir mes chakras pour me préparer à affronter la journée de demain…

FRÉDÉRIQUE - Juste par curiosité, on fait comment pour ouvrir ses chakras ?

PRISCA - Beaucoup de méditation… Et je parle à mon bonzaï…

FRÉDÉRIQUE - Ouais, je pensais bien que l'idée ne me plairait qu'à moitié. Tant pis pour mes chakras, ils vont rester fermés ! *(Pendant ce temps, Anémone est partie chercher l'aspirateur et s'avance vers le canapé.)* Je ne comprends pas, j'avais pourtant bien nettoyé…

ANÉMONE - Eh bien, disons que tu as nettoyé à ta façon, mais ne t'inquiète pas, va à ton rendez-vous… Comme ça, j'ai de quoi m'occuper pour ce soir…

Noir

SCÈNE 3
Le dîner
Anémone, Frédérique et Prisca

14 février : Anémone est seule en scène, elle est visiblement joyeuse et prépare son dîner en attendant Bernard. Elle porte les vêtements de Prisca. Elle chante et danse en mettant la table : belle vaisselle, belles bougies.

ANÉMONE - « L'amour est enfant de bohème, il n'a jamais, jamais connu de loi, si tu ne m'aimes pas je t'aime, et si je t'aime prends garde à toi… » Je vais revoir Bernard ! Je suis sûre qu'il regrette d'être parti… Sinon pourquoi m'aurait-il proposé cette entrevue ? Le jour de la Saint-Valentin ! Les filles peuvent dire ce qu'elles veulent, mais moi je le connais mon Bernard… Après l'excitation du début et maintenant qu'il est rassuré sur son pouvoir de séduction de quadra aux tempes grisonnantes, il commence à en avoir assez de jouer le jeunot amouraché… Se trémousser dans les boîtes de nuit jusqu'à pas d'heure, ça ne doit pas l'amuser beaucoup… C'est qu'il a ses habitudes mon Bernard ! Et si ça se trouve, elle l'a mis au régime ! Le pauvre ! Bernard en a assez, il veut rentrer chez lui… Son

Anémone lui manque… Oh ! j'allais oublier les bougies ! *(Elle va chercher deux bougeoirs et les allume. Elle éteint une partie de la lumière.)* Voilà, tout est prêt, une belle table, une lumière douce et un bon dîner… Je lui ai préparé son plat préféré, de la blanquette, cela doit faire longtemps qu'il n'a pas mangé ce genre de plat… Ces filles-là, c'est surgelés et compagnie… Pff… *(Elle sort des coupes et une bouteille.)* Et j'ai aussi prévu le champagne ! *(Elle a un petit rire timide.)* Il ne faudrait pas que je sois pompette, j'ai le vin un peu coquin… *(Elle jette un coup d'œil à sa tenue dans le miroir.)* Merci pour la tenue, Prisca, c'est vrai que cela me rajeunit… Comme dirait Fred : « Ton Bernard va s'énerver du slip ! » Mais il ne faudrait pas qu'il croie la partie gagnée d'avance, non, je vais le faire mijoter un peu… C'est quand même lui qui est parti ! Je lui dirai : « Bernard, quand le démon de midi t'a pris par les pieds, si je peux m'exprimer ainsi, tu m'as quittée sans te poser de question. Maintenant, tu regrettes, mais tu m'as laissé tomber comme une vieille chaussette… Ça rime ! Il va me falloir du temps pour te pardonner… Je me suis fait une nouvelle vie, Bernard… J'ai des amies ! » *(La porte d'entrée s'ouvre brusquement. Prisca entre en trombe, elle pleure, elle est complètement décoiffée et donne l'impression de s'être battue. Prisca s'affale dans le canapé, la tête dans un coussin et pleure. Anémone s'est assise près de Prisca et tente de comprendre.)* Mais enfin Prisca, que s'est-il passé ? Tu as l'air bouleversée… *(Prisca ne répond pas et continue de pleurer.)* Tu as perdu des prototypes ? *(Prisca secoue la tête négativement.)* Tu t'es disputée avec un journaliste ? *(Prisca secoue la tête.)* Quelqu'un est mort ? *(Prisca secoue la tête.)* Alors quoi ?

PRISCA - J'ai été virée !

ANÉMONE - Quoi ?

PRISCA - Virée, renvoyée, licenciée, éjectée, dégagée, « HAS-BEENISÉE… » Ah ! et il a voulu me violer aussi…

Anémone - Te violer… Qui ça? Ton patron, le jardinier pervers?… Celui du téléphone?… Mon dieu!

Prisca - C'est ça! Mais je me suis débattue, regarde ma veste! *(Sa veste est toute déchirée.)* Et je lui ai mis un coup de genou dans ce qui lui sert de couilles! *(Elle mime la scène, dans un état second.)* Il a poussé un grand cri, il s'est roulé par terre de douleur, j'en ai profité pour lui donner des coups de pied dans son gros bide tout flasque… Il a mal vieilli… Beurk…

Anémone - Ce n'est pas très fair-play de frapper un homme à terre mais c'est souvent le seul moyen pour lui échapper!

Prisca *(qui reprend un peu ses esprits)* - J'ai couru m'enfermer dans les toilettes et quand je l'ai entendu arriver, je suis montée sur la cuvette pour qu'il ne puisse pas voir mes pieds…

Anémone - Ma pauvre! Tu as dû avoir très peur…

Prisca - Il savait que j'étais là… *(Elle redouble de pleurs.)* C'est là qu'il m'a dit…

Anémone - C'est là qu'il t'a dit quoi?

Prisca - Que j'étais virée sur-le-champ! Et que si je tentais quoi que ce soit, il ressortirait mes lettres d'amour « endiablées »…

Anémone - « Endiablées »? Il a dit « endiablées »?

Prisca - Il est vrai qu'à l'époque, j'étais branché littérature érotique… Il ressortirait mes lettres et dirait que c'est moi qui le harcèle! Ce serait sa parole contre la mienne…

Anémone - Quel salaud!

Prisca *(esquissant un sourire)* - C'est la première fois que je t'entends prononcer un mot pareil!

Anémone - Je n'en vois pas d'autre!

PRISCA *(en pleurs)* - Je suis virée de chez Chanel ! Je suis morte…

ANÉMONE - Il faut porter plainte, Prisca, il n'a pas le droit d'agir comme ça, il y a des lois…

PRISCA - Tu parles, il a raison, personne ne me croira ! Il ne m'a même pas violée… Il a juste essayé… Je ne porterai pas plainte, je suis déjà licenciée, je ne veux pas en plus être ridicule !

ANÉMONE *(prenant Prisca dans ses bras)* - Mais Prisca, tu n'es pas ridicule, tu es victime ! *(Elle regarde sa montre, en pensant à son dîner.)* Déjà vingt heures trente ! Bernard ne devrait plus tarder…

PRISCA - Oh ! pardon Anémone ! J'avais complètement oublié Bernard ! *(Elle sanglote.)* Ne t'inquiète pas, je vais vous laisser tranquilles tous les deux… J'irai dans ma chambre… J'ai besoin de méditer…

ANÉMONE - Tu es sûre ?… Parce que je peux décommander si tu veux !

PRISCA - Tu ferais ça ?

ANÉMONE *(ni convaincue, ni convaincante)* - Oui…

PRISCA - Ne t'inquiète pas, ça va aller… Dès que Bernard sonne à la porte, je file dans ma chambre… Je vais juste prendre une corde…

ANÉMONE - Prisca !

PRISCA - Mais non, je déconne !

ANÉMONE - Dans ce cas, je vais aller vérifier la cuisson de ma blanquette ! Je ne voudrais pas la rater, c'est son plat préféré !

Anémone file dans la cuisine, Prisca reste seule.

PRISCA *(sanglotant de nouveau)* - Qu'est-ce que je vais devenir ? Je ne sais même pas préparer la blanquette, moi !

La porte d'entrée s'ouvre. C'est Frédérique qui arrive, visiblement abattue. Elle se traîne…

FRÉDÉRIQUE *(faiblement)* - B'soir…

PRISCA *(sanglotant)* - Bonsoir… *(Frédérique va rejoindre Prisca sur le canapé et se prend la tête dans les mains. Moment de silence…)* Je suis virée…

FRÉDÉRIQUE *(répondant par automatisme)* - Ah !

PRISCA - Mon patron a failli me violer…

FRÉDÉRIQUE *(sur le même ton)* - Ah !

PRISCA - Et demain, dans tout Paris je suis grillée…

FRÉDÉRIQUE - Ah !… Je suis une criminelle…

PRISCA *(répondant par automatisme)* - Ah !

FRÉDÉRIQUE - J'ai rien pu faire…

PRISCA *(sur le même ton)* - Ah !

FRÉDÉRIQUE - Je crois qu'elle est morte…

PRISCA - Ah !

Sur ces entrefaites Anémone revient.

ANÉMONE - C'est bien ! Ça ne colle pas… Fred ! Tu es là aussi ? Mais tu ne devais pas travailler ce soir ?

FRÉDÉRIQUE - Je l'ai tuée, je suis sûre que je l'ai tuée…

ANÉMONE - Tué ? Tué qui ? Non mais qu'est-ce que c'est encore que cette histoire ? Oh là là ! Et Bernard qui va arriver…

FRÉDÉRIQUE - Je l'ai renversée, avec mon bus… Je ne l'ai pas vue arriver… C'est comme si elle s'était jetée sous mes roues…

ANÉMONE - Mais qui ?

FRÉDÉRIQUE - Virginie ! Elle prend mon bus tous les matins, on a sympathisé, elle est si belle… J'ai freiné à mort, mais je n'ai pas pu l'éviter…

ANÉMONE - Tu es sûre qu'elle est morte ?

FRÉDÉRIQUE - Non, quand les pompiers l'ont emmenée, elle respirait encore… Mais elle n'était plus consciente… J'ai voulu aller à l'hôpital avec eux, ils ont refusé… Je suis sûre qu'elle est morte ! *(Elle sanglote.)*

PRISCA *(qui sort de sa prostration, le ton est un peu sec)* - Appelle l'hôpital… Ils vont te dire si elle est morte !

ANÉMONE - Tu as raison, je m'en occupe… *(Elle prend l'annuaire.)* Tu sais de quel hôpital il s'agit ?

FRÉDÉRIQUE - Baulieu ! Elle est morte, je suis une criminelle…

ANÉMONE - Peut-être qu'elle est juste sonnée… Allô ! Bonjour madame, pouvez-vous me donner des nouvelles de Virginie… *(Se tournant vers Frédérique.)* Virginie comment ? *(Frédérique hausse les épaules, faisant comprendre qu'elle ne connaît pas son nom. Anémone opine du chef en s'adressant à Frédérique.)* C'est malin !… Non, pas Virginie Cémalin… Nous ne connaissons pas son nom… Elle vient d'arriver chez vous… Avec les pompiers… Oui c'est ça, renversée par un bus…

FRÉDÉRIQUE - Mon bus !

ANÉMONE *(aux filles)* - Elle se renseigne… Allô ! Oui… Bien… Bien… Ah !… Ah ! *(Frédérique et Prisca essayent de comprendre la conversation.)* Ouf, tant mieux ! Bien, merci. Au revoir madame ! *(Elle raccroche.)*

FRÉDÉRIQUE et PRISCA - Alors ?

ANÉMONE - Elle est en vie. Quelques contusions, un tibia et des côtes cassés, mais elle s'en sortira !

FRÉDÉRIQUE - Elle est en vie ! Elle est en vie ! Oh ! je me sens mieux… J'ai tellement eu peur de la perdre !

ANÉMONE *(regardant sa montre)* - Mon dieu ! Il est vingt-deux heures ! Mais que fait Bernard ?

FRÉDÉRIQUE - Ah oui ! C'est vrai ! Je l'avais oublié celui-là ! Deux heures de retard ! Les hommes sont comme les chiens, ils n'ont pas la notion du temps !

PRISCA - Les hommes sont comme les chiens, tout court !

ANÉMONE - J'ai besoin d'un verre… *(Elle prend la bouteille qui est sur la table.)* Je crois qu'on a toutes besoin d'un verre !

FRÉDÉRIQUE - Affirmatif ! *(Voyant qu'Anémone ne va pas s'en sortir pour ouvrir la bouteille.)* Passe-moi la bouteille, je vais faire le service, je ne voudrais pas que tu tues quelqu'un…

PRISCA *(regardant Frédérique)* - Une criminelle par soirée ça suffit…

ANÉMONE - Et comme on dit, ça le fera peut-être venir…

PRISCA et FRÉDÉRIQUE - Qui ça ?

ANÉMONE - Ben, Bernard !

FRÉDÉRIQUE - Parce que tu crois encore qu'il va venir ? T'es naïve ma fille !

PRISCA - Bon, allez, on trinque, on ne va pas se laisser abattre, après tout Fred a failli tuer quelqu'un et moi j'ai failli être violée, rien de très méchant… La routine, quoi !

FRÉDÉRIQUE - Oh ! merde !

PRISCA - Comme tu dis ! Mais rassure-toi, il ne m'a pas violée…

FRÉDÉRIQUE - Tant mieux !

PRISCA - Il m'a virée !

ANÉMONE *(sur un ton énervé)* - Et moi, quand je pense que j'ai passé des heures à préparer une vraie soirée de Saint-Valentin, une super blanquette, son plat préféré, et qu'il n'a même pas la délicatesse de prévenir de son retard !

Frédérique et Prisca se regardent.

PRISCA - Sur l'échelle des catastrophes de la journée, y'a pas à dire, c'est toi qui gagnes !

FRÉDÉRIQUE - Non, mais ce n'est plus du retard là c'est du « foutage de gueule » ! Tu penses que la Saint-Valentin il va la fêter, lui… mais pas avec toi !

Anémone hausse les épaules.

PRISCA - Je ne voudrais pas remuer le couteau dans la plaie en te disant qu'on t'avait prévenue, mais…

FRÉDÉRIQUE - Mais tu le remues quand même !

ANÉMONE - C'est une bien triste Saint-Valentin… J'avais même acheté un gâteau en forme de cœur… *(Elle sanglote.)* C'est le mien qui est brisé maintenant !

PRISCA *(lisant sur la boîte)* - « Gâteau surprise »… C'est quoi la surprise ? Ouvre-le, Anémone…

Anémone ouvre la boîte du gâteau et en sort un serre-tête avec deux antennes en forme de cœurs. Elle se le met sur la tête.

FRÉDÉRIQUE - Ah ouais ! Quand même… Ils se sont pas foutus de toi !

PRISCA - Je pense que Bernard aurait apprécié… Avec un peu d'imagination, il y a de quoi s'amuser…

ANÉMONE - J'ai toujours eu une tête à chapeau…

PRISCA - Allez les filles, buvons ensemble. *(Elle sert tout le monde.)* Rien à foutre de la Saint-Valentin !

ANÉMONE - Tu as raison : à partir d'aujourd'hui, je vais rayer ce saint de mon calendrier !

FRÉDÉRIQUE - Il vaut mieux fêter sainte Rita, c'est la patronne des causes désespérées…

ANÉMONE - Tu crois que je suis une cause désespérée ?… *(Pas de réponse.)* Alors, trinquons à sainte Rita, qu'elle veille sur nous…

FRÉDÉRIQUE - Qu'elle sauve ma Virginie !

PRISCA - Qu'elle rende mon patron impuissant !… Les filles… *(L'alcool fait son effet, elle est ivre.)*… je voudrais que nous nous fassions une promesse… Personne ne doit plus diriger notre vie, ni au travail, ni dans le privé ! Et surtout pas les mecs, ces connards !

FRÉDÉRIQUE - Personnellement, les hommes n'ont jamais dirigé ma vie, mais je suis d'accord avec toi, ce sont des sales cons… C'est bien pour ça que je préfère les femmes…

PRISCA - Je m'en doutais !

ANÉMONE *(qui n'a pas compris l'allusion de Frédérique)* - Je suis d'accord avec toi Prisca, mais c'est quand même très difficile de se passer des hommes…

FRÉDÉRIQUE - Ne me dis pas que tu parles de sexe, là !

ANÉMONE *(bien partie, répondant aussi par l'ironie)* - Non… Je pense simplement qu'un homme à la maison, c'est plus pratique quand il faut descendre les poubelles… ou changer un fusible…

PRISCA - Ou déboucher l'évier… avec sa grosse ventouse !

Elles partent toutes les trois dans un gros fou rire.

FRÉDÉRIQUE - Moi je m'en fous, j'ai un CAP de plombier !

PRISCA - C'est clair qu'avec une bonne caisse à outils, on peut se passer des mecs… Enfin il reste quand même un problème : le sexe…

ANÉMONE - Eh oui !

PRISCA - Agissons comme les hommes : le sexe oui, l'attachement non !

ANÉMONE - Je ne sais pas si je pourrais coucher avec un garçon sans amour…

FRÉDÉRIQUE - Eh bien, essaie avec une fille ! Je me demande vraiment ce que vous leur trouvez de bien aux hommes ? Parce qu'à vous entendre ils sont la source de tous vos problèmes ! N'insistez pas ! Changez de bord ! Il y a longtemps que j'ai réglé ce dilemme, moi !

ANÉMONE - Comment ça ?

FRÉDÉRIQUE - Eh bien disons que pour moi aussi la chair a ses faiblesses, mais personnellement j'ai plutôt la chair de poule !

Anémone ricane bêtement mais elle n'a pas compris ce que voulait dire Frédérique.

PRISCA *(à Frédérique)* - Je crois qu'elle n'a pas compris !

FRÉDÉRIQUE - Eh bien on va employer les grands moyens… *(Elle avance vers Anémone et crie.)* Je suis homosexuelle ! Une goudoue ! Une lesbienne ! Une brouteuse de minous ! T'as compris ou il faut que je développe ?

Un long silence.

ANÉMONE - Je m'en doutais un peu ! J'ai les idées plus larges que tu ne penses, tu sais !

FRÉDÉRIQUE - Mais rassure-toi, tu n'es pas du tout mon genre, je les aime plus jeunes avec une forte poitrine !

ANÉMONE - Tiens, c'est drôle, tu as les mêmes goûts que Bernard ! D'ailleurs, puisque tout le monde apprécie tant les gros seins, je pense sérieusement à faire gonfler les miens ! Qu'en pensez-vous ?

FRÉDÉRIQUE - Franchement, pas la peine de te faire gonfler, tu es déjà assez gonflante comme ça !

ANÉMONE *(un peu vexée)* - Oh !

FRÉDÉRIQUE - Mais non, je déconne ! Je t'adore… *(Elle s'approche d'Anémone et l'embrasse.)…* comme tu es !

ANÉMONE *(très embarrassée)* - Tu es bête, va…

PRISCA *(de plus en plus alcoolisée)* - Moi aussi je vous adore. *(Elle s'approche pour les embrasser mais rate son coup, elle embrasse dans le vide.)* Fred, je vais devenir homo !

FRÉDÉRIQUE - Super ! C'est quand tu veux ma chérie !

PRISCA - Comme ça, au moins, je ne risquerai plus de me faire courser dans les couloirs par une espèce de bite sur pattes !

ANÉMONE - Ouais ! Comme Bernard !

PRISCA - Malheureusement, j'aime trop les hommes ! Ils sont comme des sucreries… Je sais que ce n'est pas bon pour moi, mais je ne peux pas m'en passer !

ANÉMONE *(complètement paf)* - Rien à foutre de Bernard !

FRÉDÉRIQUE - Tu ne sais pas ce que tu perds !

PRISCA - Je périrai par où j'ai péché…

FRÉDÉRIQUE - J'aime mieux pas imaginer ta fin !

ANÉMONE - Quel salaud, quand même ! Vingt ans disparus en fumée ! Pff ! Pff !

PRISCA - Oui, c'est sûr ! *(Elle regarde sa montre.)* Cette fois c'est foutu…

FRÉDÉRIQUE *(sur un ton ironique)* - Laissons-lui le bénéfice du doute, un accident est si vite arrivé !

PRISCA *(bien partie)* - Ou alors il est mort !

ANÉMONE - Voilà, ça c'est une excuse qui tient la route ! *(On sonne à la porte. C'est Bernard. Les trois filles se regardent.)* Oh ! mon dieu ! C'est lui !

PRISCA - Il a dû ressusciter…

Anémone s'affole.

FRÉDÉRIQUE - Mollo, mollo, Anémone, ça fait trois heures que tu l'attends, il peut bien poireauter un peu !

PRISCA - Quand je pense qu'il y a cinq minutes tu disais « rien à foutre de Bernard »…

FRÉDÉRIQUE - Ouais, elle est où la femme libérée ?

ANÉMONE *(réajustant son serre-tête qu'elle a toujours sur la tête)* - Vous avez raison ! Il faut que je me reprenne !

FRÉDÉRIQUE - C'est ça Anémone, ne te laisse pas faire, dis-lui ce que tu penses à ce salaud !

PRISCA - Vas-y Anémone ! Girl power !

ANÉMONE - À nous deux, Bernard ! *(Elle va ouvrir la porte en titubant d'un air très décidé : porte entrouverte seulement, à aucun moment le public ne verra Bernard.)* Bonsoir Bernard! Adieu Bernard! *(Elle claque la porte. Elle se tourne vers les filles, très fière d'elle.)* Alors, les filles, j'ai été comment?

FRÉDÉRIQUE - Ben, c'est ce qui s'appelle être claire!

PRISCA - Vingt secondes, pour vingt ans, il s'en sort bien le salaud!

ANÉMONE - T'as raison, c'est pas assez! *(Elle retourne ouvrir la porte et cherche après Bernard.)* Bernard! Reviens, j'ai pas fini! C'est trop court adieu, j'ai d'autres choses à te dire! Tu n'es qu'un égoïste, un lâche, un menteur!… Et en plus tu es nul au lit… Quoi, malade? Tu as raison, il fallait être malade pour te supporter toutes ces années! Mais crois-moi, j'ai bien l'intention de guérir!… Je ne suis plus la naïve Anémone, je suis une autre femme maintenant… Adieu Bernard! Dégage dare-dare! Pff… Pff…

> *Anémone tape avec son pied dans une enveloppe qui était sur le paillasson et revient dans l'appartement.*

PRISCA et FRÉDÉRIQUE *(applaudissant)* - Bravo!

FRÉDÉRIQUE - Tu ne nous avais pas dit que c'était un mauvais coup!

ANÉMONE - J'ai dit ça pour le vexer, mais je n'en sais trop rien, je n'ai jamais eu de quoi comparer!

PRISCA - Comment te sens-tu?

ANÉMONE - Libre! Je me sens libre!

FRÉDÉRIQUE *(apercevant l'enveloppe par terre)* - Je crois que Nanar t'a laissé ça en partant! *(Elle tend l'enveloppe à Anémone.)*

ANÉMONE *(ouvrant l'enveloppe et la lisant pour elle)* - Il veut vendre l'appartement!

PRISCA - Je comprends mieux ! C'est pour ça qu'il voulait te voir : il a besoin de ta signature…

ANÉMONE - Moi qui pensais qu'il avait encore de l'amour pour moi, ce n'était que bassement matériel…

FRÉDÉRIQUE - Tu parles d'une Saint-Valentin !

ANÉMONE - Oh ! mais il ne l'a pas encore vendu notre appartement ! C'est la nouvelle Anémone qui parle ! Il n'est pas près de l'avoir, ma signature…

PRISCA *(qui n'est pas entièrement dégrisée)* - T'inquiète pas Anémone, tu n'es plus toute seule, on est là maintenant…

FRÉDÉRIQUE - Avant de vider l'appartement, ton Bernard devra me passer sur le corps !

PRISCA - Joli sens du sacrifice !

ANÉMONE - Merci, les filles… *(S'avançant vers la table et prenant un couteau pour découper le gâteau.)* On se le mange ce gâteau de Saint-Valentin ?

ENTRACTE

ACTE III

SCÈNE 1

Le blues de Prisca

ANÉMONE et PRISCA

Quelques jours après le dîner, Anémone est seule sur scène. Elle porte une tenue de sport et fait de la gym : roulades sur musique rock assez forte... Anémone est allongée par terre, elle soulève la jambe.

ANÉMONE - Et un, et deux, et trois, et quatre… Allez, zou ! Du nerf ! Il faut absolument que je reprenne mon corps en main… Un, deux, trois… J'adore ce groupe ! Depuis que Prisca me les a fait connaître l'autre soir, je passe leur CD en boucle ! Et puis les musiciens sont vachement sympas ! Je pensais qu'ils auraient été fatigués après leur concert, tu parles ! Quelle soirée on a passée avec eux… Du délire ! On est rentrées à sept heures du matin Prisca et moi !… Ouah ! Cela ne m'était jamais arrivé ! Je me suis amusée comme une folle… C'est un autre monde, mais j'adore… Un, deux, trois… Et puis, j'ai bien sympathisé avec le batteur… Qu'est-ce qu'il est beau… Je crois que je ne le laisse pas indifférent non plus… J'ai bien senti son regard sur moi… Sur mon corps de sirène… Je n'ai encore rien dit aux filles, mais lui et moi on doit se revoir… Et un, et deux, et trois, et quatre…

Entrée de Prisca qui se traîne en peignoir, cheveux hirsutes… Elle va baisser la musique.

PRISCA - T'es folle ou quoi ? Tu veux m'exploser les tympans ?

ANÉMONE - C'est du rock !

PRISCA - Oui, je sais, merci ! C'est peut-être une découverte pour toi, mais figure-toi que ce genre de musique existe depuis à peu près soixante ans…

ANÉMONE - T'es bête… Bonjour quand même ! *(Elle s'affale dans le canapé près de Prisca et lui fait un bisou qui claque.)*

PRISCA - Salut ! Qu'est-ce que tu faisais ?

ANÉMONE - De la gym. D'ailleurs tu devrais en faire avec moi, un peu d'exercice te ferait du bien… *(Elle s'est réinstallée par terre à faire des abdos.)* Un, deux, trois…

PRISCA - Non, merci, j'ai pas envie de faire l'imbécile assise au milieu du salon !

ANÉMONE - Le sport c'est bon pour le moral ! Allez, viens ! Un, deux, trois… *(Elle se relève difficilement de sa roulade.)*

PRISCA - Tu ressembles à une tortue sur le dos, qui n'arrive pas à se relever !

ANÉMONE - N'empêche que c'est bon pour la cellulite !

PRISCA - Il n'y a pas si longtemps, tu t'en fichais pas mal de ta cellulite ! Qu'est-ce qui t'arrive ? Tu es amoureuse ou quoi ?

ANÉMONE - Mais non… Il y a un âge où la blanquette de veau ne pardonne pas, c'est tout ! *(Elle se relève difficilement et va rejoindre Prisca sur le canapé.)*

PRISCA *(qui se fiche des efforts d'Anémone pour se relever)* - La terre est basse, hein, mamie !

ANÉMONE *(haussant les épaules)* - Écoute Prisca, je sais que c'est dur ce qui t'arrive en ce moment, mais tu ne dois pas te laisser aller. Tu ne peux pas passer tes journées dans le canapé, à te lamenter en regardant « Les feux de l'amour »…

PRISCA - Que veux-tu que je fasse ? Je ne sers plus à rien ! Je ne vivais que pour mon travail, maintenant je ne suis plus personne…

ANÉMONE - Prisca, tu as perdu ton emploi, soit, ce n'est pas la fin du monde, simplement la fin d'un monde, mais la personne que tu es, elle, n'a pas changé… Tu es toujours aussi intelligente, aussi drôle, aussi belle… quand tu ne traînes pas dans cette tenue !

PRISCA - Tu le penses vraiment ?

ANÉMONE - Bien sûr ! Il est peut-être temps pour toi de prendre un nouveau départ… De réfléchir à ce que tu veux vraiment faire sans te mentir…

PRISCA - Il est vrai que je me suis un peu perdue dans un monde qui n'était pas le mien. Au début, cela m'excitait ! Le luxe, les people… Je vivais à cent à l'heure, mais je me suis vite rendu compte que sous les strass et les paillettes tout n'était que mensonges et faux semblants… Il fallait survivre… Je suis devenue cette Prisca superficielle, froide et insensible… que je ne suis pas !

ANÉMONE - Moi je le sais !

PRISCA - J'ai toujours aimé les choses simples, la nature, les jardins… Petite, j'adorais « La petite maison dans la prairie », j'ai vu tous les épisodes !

ANÉMONE - Ça laisse des traces ! Moi aussi je menais une vie qui ne me ressemblait pas, j'ai besoin d'autre chose que la routine du quotidien… Je le sais aujourd'hui… Avec Bernard c'était le « Canada Dry » du bonheur ! Ça en avait la couleur, le goût, mais ce n'était pas le bonheur ! Il m'aura fallu vingt ans pour comprendre…

PRISCA - Je vais essayer d'être plus rapide ! Tu as raison, je dois prendre mon destin en main, c'est maintenant ou jamais !

ANÉMONE - Exactement ! Cherche ce que tu veux vraiment et les choses se feront naturellement…

PRISCA - Tu crois ?

Anémone et Prisca discutent ensemble quand Frédérique arrive. Elle a changé de look : cheveux courts avec du gel en arrière, piercing, jean troué, le stéréotype de la lesbienne…

SCÈNE 2

La métamorphose de Frédérique

ANÉMONE, FRÉDÉRIQUE et PRISCA

FRÉDÉRIQUE - Salut les filles !

ANÉMONE - Ouah !

PRISCA - Quel changement !

FRÉDÉRIQUE - Vous aimez mon nouveau look ?

ANÉMONE - Ça te va bien… Cette coupe met tes yeux en valeur…

PRISCA - Au moins, là, tu affiches la tendance ! On ne risque plus de se tromper sur ton identité sexuelle !

FRÉDÉRIQUE - Tant mieux, c'est fait pour !… Et Virginie adore !

PRISCA - Tu m'étonnes !

ANÉMONE - Comment va-t-elle ?

FRÉDÉRIQUE - Ça y est, c'est fait !

PRISCA et ANÉMONE - Quoi ?

FRÉDÉRIQUE - J'ai dit à Virginie que je l'aimais !

PRISCA - Cette fois c'est sûr, tu l'as tuée…

FRÉDÉRIQUE - Pas du tout ! Elle a les mêmes sentiments pour moi…

ANÉMONE - Ouf! Je suis soulagée… Quand tu m'as dit ton intention de lui avouer tes sentiments, j'ai eu peur que…

FRÉDÉRIQUE - Peur de quoi ?

PRISCA - Que tu te prennes un gros râteau ! Parce qu'elle était hétéro par exemple !

FRÉDÉRIQUE - Tu penses que je m'étais renseignée un peu avant, quand même ! Et puis ça se sent ces choses-là ! Quand c'est l'amour on le sait, c'est tout…

ANÉMONE - C'est beau !

PRISCA - C'est drôle comme tout est évident pour tout le monde en ce moment, sauf pour moi !

FRÉDÉRIQUE - C'est peut-être tes chakras qui déconnent… Les médecins m'ont dit que Virginie sortirait la semaine prochaine et, avec sa jambe dans le plâtre, elle aura besoin de mon aide…

ANÉMONE *(apeurée)* **-** Tu vas nous quitter ?

Prisca se met à pleurnicher. Les autres la regardent, incrédules.

PRISCA - C'est super… Je suis contente… *(Tout en pleurnichant.)*… pour toi, Fred, tu as rencontré l'amour et tu pars vivre avec elle, super… C'est juste que c'est un peu dur pour moi en ce moment…

FRÉDÉRIQUE - Oh! oh! Les filles, calmez-vous! Il n'est pas question que je laisse tomber mes vieilles copines! Je m'engage à ne pas partir tant que Prisca n'aura pas retrouvé le moral!

PRISCA - Ça risque de prendre un peu de temps…

FRÉDÉRIQUE - Ça prendra le temps qu'il faudra. Rappelez-vous : « Une pour toutes… »

PRISCA et ANÉMONE *(ensemble)* - « … Toutes pour une ! »

NOIR

SCÈNE 3
Les retrouvailles du trio
ANÉMONE, FRÉDÉRIQUE et PRISCA

Prisca est seule sur scène, habillée en baba cool. Elle dresse une table de réveillon. C'est le 31 décembre.

PRISCA - Dire qu'il y a six mois, je ne savais plus du tout où j'en étais ! Ma vie a bien changée depuis, je me sens tellement bien… Anémone avait raison : c'est si simple quand c'est ça !… Et tout à l'heure, peut-être… *(Elle croise les doigts.)*… j'aurai mon diplôme de fin d'études et je serai officiellement fleuriste ! J'ai hâte d'annoncer ça à Anémone ! Elle aussi doit avoir des tas de choses à nous raconter… Tu penses ! Partir en tournée avec un groupe de rock ! Si on m'avait dit ça ! Elle qui pensait que le seul instrument de musique digne de ce nom était le piano… La vie est pleine de surprises… Et puis il faut croire que l'amour nous transforme…

On sonne à la porte.

FRÉDÉRIQUE *(entrant toute seule)* - Salut ma louloute ! Alors, la star est arrivée ?

PRISCA - Non, pas encore, mais elle ne devrait plus tarder !

FRÉDÉRIQUE - J'ai hâte de la revoir ! Elle m'a manqué. C'est dingue, non ? Je n'aurais jamais cru dire ça un jour !

PRISCA - Comme quoi on s'habitue à tout ! Moi aussi, elle m'a manqué… Toi aussi, d'ailleurs ; depuis que tu as emménagé avec Virginie, je me sens un peu seule dans cet appartement !

FRÉDÉRIQUE - Ho ! hé ! On est souvent venues Virginie et moi ! Et puis tu n'as pas dû être seule tout le temps ! À propos, comment va François ?

PRISCA - Très bien, mais il angoisse encore plus que moi pour l'examen…

FRÉDÉRIQUE - Tu as dû l'aider à faire ses devoirs et lui les tiens… Petits coquins !

PRISCA - Arrête, c'est sérieux ! Si on réussit tout les deux à avoir notre diplôme de fleuriste on pourra ouvrir notre boutique !

FRÉDÉRIQUE - Et partir vous installer… en Bretagne, oui, je sais !

PRISCA - François m'a déjà fait visiter sa région, il y a plein de petits coins charmants.

FRÉDÉRIQUE - Tu es sûre ? Tu as bien réfléchi ? Tu n'as pas peur que toutes ces crêpes, d'un coup, ça fasse beaucoup ?

PRISCA - Arrête ! Tout ira bien…

FRÉDÉRIQUE - Tout de même, passer de « Paris by night » à « Ploucville by day », c'est le choc des cultures !

PRISCA - Ce monde n'était pas le mien, j'ai enfin découvert qui je suis ! Mes chakras ont dû se remettre dans le bon ordre. *(Clin d'œil à Frédérique.)* Et puis si je m'ennuie un peu trop, je pourrai toujours revenir voir mes vieilles copines !

FRÉDÉRIQUE - Ouais !… Ah ! j'entends du bruit dans l'escalier ! *(Elle se dirige vers la porte et l'ouvre.)* Ce doit être Anémone… *(Elle regarde dans l'escalier.)* C'est elle, c'est la star !

> *Anémone arrive, ses valises à la main. Look de rockeuse, jupe courte en cuir noire, collants résilles, bottines à talons, maquillage, etc.*

ANÉMONE *(laissant tomber ses valises)* - Salut les filles ! Ça gaze ? *(Les filles s'embrassent.)* Quel bonheur de vous revoir !

PRISCA - Mon dieu, Anémone, c'est vraiment toi ?

FRÉDÉRIQUE - Eh ben mon vieux… J'aurais pas parié ma petite culotte sur toi y a six mois, mais alors là, ça me sidère !

ANÉMONE - J'ai tellement de choses à vous raconter ! *(Elle s'écroule dans le canapé et met les pieds sur la table.)* Venez à côté de moi, mes chéries… Ah ! ça fait du bien de revenir chez soi !

PRISCA - Oui, euh… peut-être plus pour longtemps. Bernard a vendu l'appartement, il faut le libérer pour le 1er janvier !

ANÉMONE - Il n'a pas perdu de temps ce salaud, mais ne parlons pas de ça maintenant, on a le temps !

FRÉDÉRIQUE - Le temps, ouais, si on veut, le 1er janvier, c'est demain !

ANÉMONE - Cool ! On est large !… Sers-nous plutôt un verre… Relax…

Prisca - Ah oui ?!... Tu as bien changé quand même !

Frédérique - Alors, dis-moi, Cyndi Lauper, c'est comment la vie d'artiste ?

Anémone - C'est génial ! Je n'aurais jamais pensé que monter sur scène me plairait autant ! Bon, je ne suis que choriste, mais les sensations sont les mêmes : le trac, le show, l'ambiance... et cette communion avec le public ! C'est sûr, il y a là quelque chose de mystique !

Frédérique *(qui revient avec l'apéro)* - Carrément !... Ils t'ont fait fumer des trucs tes musicos...

Prisca - Tu as dû vivre des moments magiques !

Anémone - Magique, c'est ça, magique... Mais quelquefois, c'est un peu dur d'être loin de ses copines, et puis toutes ces chambres d'hôtel, pas toujours très propres...

Frédérique - Ah ! un reste de l'ancienne Anémone ! Mais tu avais ta Javel, rassure-moi ?

Anémone - Oui !

Prisca - Et avec « Johnny B. Goode », ça s'est bien passé ? C'est toujours la love story ?

Frédérique - Il tient le choc ?

Anémone - Nous sommes encore plus amoureux ! Cette aventure nous a profondément liés ! James est génial !... Sur scène on dirait un dieu !

Frédérique - Pour quelqu'un qui pensait que le rock c'était du bruit, quelle métamorphose !

Prisca - Mais c'est ça l'amour : une métamorphose !

FRÉDÉRIQUE - La chenille qui se transforme en papillon… T'as vu la gueule du papillon?… Je parle de James… Il est transformé lui aussi, il se lave maintenant!

PRISCA - C'est vrai qu'il confondait la « crade attitude » avec la « rock and roll attitude »!

ANÉMONE - Bon, ça va! Parle-moi plutôt de ton François! Je veux tout savoir et d'abord l'essentiel… Est-ce que c'est un bon coup?

Les filles font semblant de s'offusquer.

PRISCA - Fred, sors de ce corps!

FRÉDÉRIQUE - Mon dieu, Anémone, qu'est-ce qu'ils t'ont fait?

Le téléphone sonne. Prisca va vite répondre.

PRISCA - Allô! C'est toi mon cœur?

FRÉDÉRIQUE *(se moquant de Prisca)* - Mon cœur, mon amour… Mon amour, mon cœur…

PRISCA - Alors, tu as les résultats? Quoi? Tu es sûr?… *(Se tournant vers les filles.)* On a eu notre examen… C'est formidable… Oh! mon chéri, je suis heureuse!… Oui, à tout à l'heure mon cœur…

FRÉDÉRIQUE - Mon amour…

ANÉMONE *(en donnant un coup de coude à Frédérique)* - Bon, ça va!

PRISCA - On va l'avoir notre boutique!

ANÉMONE - Je suis contente, tu le mérites…

FRÉDÉRIQUE - Prépare ta coiffe de Bigoudène!

PRISCA - Bretagne, me voilà!

ANÉMONE - Il va falloir que tu apprennes à marcher avec des bottes en caoutchouc… Je rigole !… Je suis juste un peu triste de te voir partir… Mais si la tournée passe en Bretagne, c'est sûr je viendrai te voir !

FRÉDÉRIQUE - Allez les filles, ce soir on est ensemble et on va le fêter dignement ce 31 décembre !

ANÉMONE - Je suis tellement contente que nous soyons réunies pour ce réveillon ! Ta table est magnifique, Prisca…

FRÉDÉRIQUE - Je crois que tu as déteint sur elle !

ANÉMONE - Comme quoi la colocation aura laissé des traces…

PRISCA *(servant des coupes de champagne)* - À nous !

FRÉDÉRIQUE - Girl power !

ANÉMONE - Au fait les filles, j'ai quelque chose à vous demander !

PRISCA - On t'écoute !

ANÉMONE - Eh bien voilà, j'aimerais que dorénavant vous m'appeliez Jane… C'est mon nom de scène…

FRÉDÉRIQUE *(qui s'étouffe dans son champagne et le crache)* - C'est sûr qu'Anémone, ça fait pas vraiment rêver !

ANÉMONE - C'est James qui m'a baptisée !

PRISCA - James et Jane, hum… Remarque, je n'ai pas grand-chose à dire, avant de travailler dans la com', je m'appelais Martine !

FRÉDÉRIQUE - C'est pas vrai !… Martine… Ça passe moyen dans la communication !

Le téléphone sonne. Anémone va décrocher.

ANÉMONE - Allô !… Oui !… Qui ?… Bernard ???

FRÉDÉRIQUE - Dis-lui qu'il nous reste encore un jour pour déblayer l'appartement !

PRISCA - On est large ! *(Elles rigolent toutes les deux pendant qu'Anémone est toujours au téléphone.)* Qu'il est con ce con !

ANÉMONE - Non mais je rêve ! *(Elle raccroche.)* C'était Bernard… Il est malheureux, il regrette…

FRÉDÉRIQUE - Bref ! Sa pouffe est partie…

ANÉMONE - Exactement !

PRISCA - Il veut revenir avec toi ?

FRÉDÉRIQUE - Tu penses Hortense ! Qu'est-ce que tu lui as dit ?

ANÉMONE - Je lui ai dit qu'Anémone n'existait plus… Et que Jane repartait en tournée…

FRÉDÉRIQUE - Bravo !

PRISCA *(regardant sa montre)* - Il est minuit ! Bonne année Jane !

ANÉMONE - Pour vous, je serai toujours Anémone…

PRISCA et FRÉDÉRIQUE - Alors bonne année Anémone !

FIN

Imprimé à la demande par Books On Demand GmbH, Bad Hersfeld, Allemagne

Première édition, dépôt légal : septembre 2009
N° d'édition : 200944
ISBN : 978-2-84422-713-3